★꽁꽁 감추어 둔 자연의 신비★

지금까지 아무도 몰랐던
80가지 동물·식물의
엄청난 능력

육은숙 지음

k (주)학은미디어

| 책머리에 |

　지구는 46억 년의 역사를 가진, 우주의 수많은 별 가운데 하나입니다. 뜨거운 불덩이였던 지구가 서서히 식어 식물과 동물 등 생명체가 살 수 있게 된 것은 그로부터 10억 년이 흐른 뒤라고 합니다.
　오늘날 지구에는 사람을 비롯하여 200만 종 이상의 생물이 살고 있는 것으로 추정됩니다. 이들 생물은 처음부터 지금과 같은 모습이 아니었습니다. 오랜 세월 동안 먹이를 쉽게 찾고, 빛이나 열을 잘 이용할 수 있으며, 추위와 더위에 견디도록 변화되어 왔지요. 이렇게 생물의 몸이나 성질 등이 살아남기 위해 변화해 온 현상을 '진화'라고 합니다.
　'만물의 영장'이라고 불리는 사람도 처음에는 다른 동물과 크게 다르지 않았습니다. 온몸에 털이 수북하고 네 발로 기어 다녔지요. 하지만 환경에 맞추어 진화하다 보니 지금의 모습이 된 것입니다.
　다른 동물과 식물 또한 저마다 살아남기 위해 진화를 거듭하는 과정에서 사람은 생각지도 못할 놀라운 아이디어를 발휘하였습니다. 아인슈타인도 깜짝 놀랄 만큼 뛰어난 천재들이지요.
　우리가 미처 몰랐던 동물과 식물의 놀라운 지혜, 그 신비로운 능력을 모방하여 우리의 삶을 더욱 풍요롭게 가꾸는 사람들의 이야기를 통해 자연의 섭리와 가치를 새롭게 느껴 보세요!

…지은이…

| 차례 |

포유동물

다리가 없는 육상 선수와 **치타** · 8

:study box: 최고의 육상 선수는? · 11

고양이 혓바닥은 청소기 · 12

박쥐와 초음파 검사 · 14

코끼리가 가르쳐 준 우유 짜는 로봇 팔 · 16

혹등고래 덕분에 성능이 좋아진 헬리콥터 · 18

:study box: 세상에서 가장 무거운 동물 · 21

기뢰 찾는 **돌고래** · 22

얼룩말과 줄무늬 효과 · 24

:study box: 여러 종류의 개 · 27

사막의 짐꾼 **낙타**와 모노레일 · 28

무서운 **호랑이**가 위장술까지… · 30

:study box: 사자와 호랑이가 결혼하여 낳은 아기 · 33

캥거루를 흉내 낸 인큐베이터 · 34

치즈의 원조는 **양** · 36

북극곰의 보금자리와 이글루 · 38

:study box: 북극곰은 북극에, 펭귄은 남극에 사는 까닭 · 41

성장을 멈추지 않는 **쥐**의 이빨 · 42

개 발바닥의 엄청난 비밀 · 44

새

올빼미의 깃털과 선풍기 · 48

벌새를 베낀 스파이 비행기 · 50

사다새를 닮은 초음속 비행기 · 52

:study box: 미국의 나라새가 될 뻔한 칠면조 · 55

고속 철도에 담긴 물총새의 부리 · 56

흰머리독수리의 슬기로움과 비행기 · 58

수호 천사, 카나리아와 토끼 · 60

오리가 오리발을 내밀어? · 62

헬멧의 원조는 딱따구리 · 64

수생동물·파충류

느림보 거북과 이순신 장군의 거북선 · 68

:study box: 7년에 걸친 전쟁 속에서 써 내려간 〈난중일기〉· 71

물 위를 걷는 바실리스크도마뱀과 로봇 · 72

전복 껍데기와 탱크의 거죽 · 74

바이오닉카를 탄생시킨 거북복 · 76

방울뱀의 사냥법과 적외선 측정기 · 78

병 주고 약 주는 거머리 · 80

날치와 공수 양용 선박 · 82

의료계에 바람을 일으킨 홍합 · 84

거미불가사리의 탁월한 능력 · 86

물벼룩은 환경 지킴이 · 88
터널 뚫는 기술자 배좀벌레조개 · 90
개코도마뱀의 마법의 발바닥 · 92
족집게 문어, 발명가 문어 · 94
상어의 피부와 전신 수영복 · 96
:study box: 무시무시한 식인 물고기들 · 99
제트 엔진을 단 오징어 · 100
거미줄과 카멜레온처럼 변하는 휴대 전화 · 102
물고기와 전기 · 104

곤충

바퀴와 화성 탐사 · 108
:study box: 곤충의 몸에도 피가 있을까? · 111
수상 스키 선수 소금쟁이 · 112
꿈틀꿈틀 자벌레를 흉내 낸 내시경 · 114
개미탑과 자연 냉방 건물 · 116
육각형 벌집의 비밀 · 118
:study box: 휴대 전화와 벌집 구조 · 121
스스로 물을 만드는 사막의 풍뎅이 · 122
헤라클레스장수풍뎅이의 천연 습도계 · 124
아프지 않은 주사기와 모기 · 126
종이를 발명한 말벌 · 128

식물

도꼬마리의 번식 방법과 찍찍이 · 132

:study box: 이 세상에 식물이 없으면 어떻게 될까? · 135

나무를 모방한 빙빙 돌아가는 빌딩 · 136

무서운 육식 식물, 파리지옥 · 138

:study box: 5천 년이나 사는 바오바브나무 · 141

언제나 청결한 연잎과 스마트폰 · 142

하늘을 나는 민들레씨와 낙하산 · 144

:study box: 한겨울에도 씩씩한 로제트 식물 · 147

공기 청정기, 관엽 식물 · 148

장미의 가시가 준 선물, 철조망 · 150

:study box: 사막에 맞게 변신한 선인장 · 153

시드니 오페라 하우스를 탄생시킨 오렌지 · 154

:study box: 새콤달콤 맛있는 과일 · 157

병을 치료해 주는 고마운 편백나무 · 158

천 년도 더 사는 은행나무 · 160

:study box: 마의 태자와 은행나무 · 162

사람

사람의 눈을 모방한 사진기와 건축 · 164

사람의 뼈와 에펠 탑 · 168

:study box: 사람의 뼈는 모두 몇 개나 될까요? · 171

사람의 귀를 베낀 전화기 · 172

사람의 머리카락을 이용한 습도계 · 176

:study box: 사람과 동물의 시력 · 180

지금까지 아무도 몰랐던 80가지 동물·식물의 엄청난 능력

포유동물

젖먹이동물이라고도 불리는 포유동물은 동물 중에서 가장 진화한 무리로 대뇌가 발달하였습니다. 허파로 숨을 쉬고 체온은 늘 일정하며, 새끼를 낳아 기릅니다. 피부에는 털이 나 있으며, 땀샘·피지샘·젖샘이 있습니다. 청각 기관은 속귀·가운데귀·바깥귀로, 이빨은 앞니·송곳니·앞어금니·뒤어금니로 나뉘며, 심장은 완전한 2심방 2심실입니다. 대부분 땅에 사는데 고래, 물개, 바다표범처럼 물에 사는 것도 있습니다.

[지금까지 아무도 몰랐던 80가지 동물·식물의 엄청난 능력 - 포유동물]

다리가 없는 육상 선수와 치타

2011년 여름summer 대구에서 열린 세계 육상 선수권 대회에서 큰 관심을 모으며 진한 감동을 남긴 선수選手가 있습니다. 남아프리카 공화국의 육상 선수 오스카 피스토리우스입니다.

피스토리우스는 무릎knee 아래 뼈가 없이 태어나 한 살 때 무릎 아래를 완전히 제거하는 수술을 받았습니다. 그래야 의족義足이나마 신고 걸을 수 있었거든요.

의족을 신고 걸음마를 배운 그는 네발자전거, 수상 스키, 럭비 등 여러 종목의 운동을 비장애인 못지 않게 잘해 냈습니다. 나중에는 육상에까지 도전하여 2004년 아테네 올림픽에서 200m 금메달, 2008년 베이징 올림픽에서 금메달을 3개나 따냈습니다. 물론 장애인끼리 겨루는 장애인 올림픽 경기에서였지요.

그런데 그는 장애가 없는 일반 선수들과 당당히 겨루어 보고 싶었습니다. 하지만 그 꿈dream은 번번이 깨어지고 말았습니다. 보조補助 기구를 이용하면 아무 기구도 이용하지 않는 비장애인보다 유리할 수도 있다는

장애인 올림픽
신체·감각 장애가 있는 운동선수가 참가하는 국제 스포츠 대회. 패럴림픽(Paralympics)이라고도 한다. 4년마다 올림픽이 끝나고 난 후 올림픽을 개최한 도시에서 개최된다.

이유 때문이었지요. 그러나 보조 기구를 이용한 장애인과 비장애인이 겨루어도 아무 문제가 없다는 올림픽 조직 위원회의 판단에 따라 마침내 2011년 여름, 대구에서 그 간절한 꿈을 이루게 되었습니다.

그는 400m와 1,600m 이어달리기에 출전해 400m에서는 아깝게 메달을 놓쳤지만 1,600m 이어달리기에서는 은메달을 따 전 세계 사람들에게 놀라움과 감동을 선사했습니다. 장애인 최초의 올림픽 메달리스트였지요.

피스토리우스의 별명別名은 '블레이드 러너(blade runner)' 입니다. 탄소 섬유로 제작한 의족의 아랫부분이 스케이트의 날blade을 닮아서 붙은 별명이지요.

그가 착용하는 특수 의족은 미국의 의료 기기 회사 오서(Ossur) 사에서 치타의 다리를 본떠 만든 것이라고 합니다. 치타cheetah는 지구 상의 포유류 중에서 가장 잘 달리기 때문에 치타의 몸을 관찰하여 모방한 것이지요. 고양잇과에 속하는 치타는 몸이 기다랗고 머리head는 작은 편이며, 눈

안쪽 가장자리에서 시작된 검은 선이 코 옆을 지나 입mouth 부분까지 내려옵니다. 온몸에 지름 2~3㎝의 검정색 점이 퍼져 있어 얼룩덜룩하지요. 치타란 이름name은 산스크리트 어에서 왔다고 합니다. '치타'는 산스크리트 어로 '얼룩덜룩한 몸'이란 뜻이지요.

산스크리트 어
고대 인도의 언어. 우리나라 중국에서는 범어(梵語)라고도 한다. 고대 인도 문학이나 불경은 이 언어로 기록되어 있으며, 오늘날까지 일부 국가와 불교 학자들 사이에서 사용되고 있다.

치타는 시속 80~120㎞의 속력을 낼 수 있답니다. 허리가 유연하고 달릴 때 용수철spring처럼 웅크렸다 펴지면서 추진력을 얻게 되므로 빠른 속력을 낼 수 있는 것입니다. 하지만 아쉽게도 지구력持久力은 부족해서 쉬지 않고 계속 뛰어다니면 속력이 급속하게 떨어진답니다. 단거리에는 강하지만 장거리에는 약하다는 뜻이지요.

치타는 사냥할 때 대개 70~100m쯤 떨어진 곳까지 소리 없이 다가가서 번개같이 덮치거나, 물웅덩이나 쥐굴처럼 먹잇감이 나타날 것 같은 곳에서 숨어 기다린답니다. 긴 꼬리tail는 방향키와 같은 역할을 해서 사냥에 아주 유리합니다.

치타와 마찬가지로 고양잇과에 속하는 고양이cat는 상황에 따라 발톱을 숨기기도 하지만, 치타는 늘 발톱을 드러내고 다닙니다. 발 부분의 근육이 발달하지 않아 발톱이 숨을 수 있는 충분한 공간空間이 없기 때문이지요. 숨을 들이쉴 때는 고양이처럼 갸르랑거리는 소리를 냅니다.

:: 최고의 **육상 선수**는?

치타, 표범, 재규어는 빠르기로 유명합니다. 시간당 속도로만 비교하면 치타 80~120km, 표범 50~70km, 재규어 50~60km로 치타→ 표범→ 재규어 순으로 빨리 달립니다. 단, 이것은 단거리일 경우입니다.

흑표범과 표범

하지만 치타는 표범이나 재규어에 비해 지구력, 즉 힘이 약합니다. 재규어는 치타나 표범에 비해 느리게 달리지만 지구력이 셋 중에서 가장 강합니다. 따라서 장거리에서는 재규어→ 표범→ 치타의 순서로 달릴 것으로 예상된답니다.

타조

그런데 새에 속하는 타조는 시속 72km로 달릴 수 있대요. 날지 못하는 대신에 달리기를 아주 잘하지요. 치타 다음으로 빠른 셈입니다.

한편, 하늘을 나는 새 중에서 송골매는 시속 350km로 공중에서 날아 내려올 수 있답니다. 수영 속도가 가장 빠른 동물은 시속 109km의 돛새치랍니다. 칼처럼 뾰족한 주둥이와 돛처럼 생긴 등지느러미를 가진 몸길이 2.5m의 바닷물고기이지요.

치타와 돛새치가 하나는 땅 위에서 달리고, 하나는 바다에서 헤엄치면 승패를 가르기 힘들겠지요?

[지금까지 아무도 몰랐던 80가지 동물·식물의 엄청난 능력 – 포유동물]

고양이 혓바닥은 청소기

쥐가 가장 무서워하는 고양이cat는 아프리카의 리비아살쾡이를 길들인 것으로 턱과 송곳니가 매우 발달해서 육식肉食을 즐깁니다. 고양이가 쥐만 보면 잡으려고 하는 것도 그 때문이지요.

'동물의 왕king'의 자리를 놓고 다투는 사자와 호랑이를 비롯하여 살쾡이, 표범, 치타, 스라소니 등은 모두 고양잇과에 속하며 생김새가 비슷비슷한데 고양이는 특히 호랑이를 많이 닮았습니다. '리틀 호랑이'라고 해도 좋을 정도이지요.

고양이는 애완동물pet답게 덩치가 작은 편으로 몸무게가 2~3kg밖에 안 되는 것에서부터 7.5~8.5kg에 이르는 것까지 다양합니다. 귓바퀴는 세모꼴이고, 귀 뒤쪽에 살쾡이에게서 볼 수 있는 흰 무늬는 없습니다.

발가락은 앞발이 5개, 뒷발이 4개인데 발톱toenail이 매우 날카롭습니다. 발톱을 속에 감출 수도 있지요.

고양이의 발바닥은 두툼한 살로 이루어져 있어 매우 유연하고 탄력적이므로 소리

스라소니
살쾡이와 비슷한데 몸길이는 1m 정도이며 몸에 짙은 반점이 있다. 앞발보다 뒷발이 길고 귀가 크고 뾰족하다. 나무를 잘 타고 헤엄을 잘 친다. 우리나라, 몽골, 시베리아, 중국 등지의 깊은 삼림에 산다.

를 내지 않고 살금살금 걸을 수 있습니다. 또한 뒷발이 비교적 길어서 점프jump도 아주 잘합니다. 먹이가 다가오기를 가만히 기다리거나 소리 없이 다가가기에 안성맞춤이지요.

눈동자는 어두운 곳에서는 동그랗지만 밝은 데서는 침 모양으로 바뀝니다. 입 주위, 턱밑, 윗입술, 뺨, 눈 위에 감각感覺이 예민한 긴 수염(감각모)이 있습니다. 몸빛은 검정·하양·주황·갈색·회색 등 여러 가지이며, 기본적인 무늬에는 호랑이와 같은 가로무늬가 있는 것과, 배 쪽에 큰 테가 있는 것 등 두 가지가 있습니다.

감각모
주로 포유동물의 몸에 붙어 외부의 자극을 민감하게 받아들이는 털

특히 혓바닥에는 수많은 가시 돌기가 있어, 그 가시 돌기를 이용하여 먹이의 뼈나 가시를 발라 먹을 수 있고, 털을 고를 수도 있습니다.

일본日本 샤프 사의 한 연구원은 고양이가 털 고르기를 하는 모습을 보고 좋은 아이디어를 떠올렸습니다. 고양이가 혀tongue로 붙잡아 묶은 곱슬마디를 삼키고 내뱉는 것을 예삿일로 보지 않은 거예요.

그는 빨아들인 먼지dust 따위 쓰레기를 압축하는 청소기 회전 날개의 표면에 까칠까칠한 고양이의 혓바닥처럼 약 1㎜ 폭의 가시 모양 돌기를 넣었습니다. 이 돌기가 먼지 따위를 휘감아 쓰레기를 1/10로 압축해 주니, 쓰레기를 버리는 데 들이는 수고가 크게 줄어들었지요.

고양이의 사소한 행동行動을 보고 멋진 아이디어를 떠올리다니, 세상이 깜짝 놀랄 아이디어idea란 누구나 낼 수 있는 게 아닐까요?

[지금까지 아무도 몰랐던 80가지 동물·식물의 엄청난 능력 – 포유동물]

박쥐와 초음파 검사

박쥐bat는 생김새가 쥐와 비슷하지만 훨훨 날아다니므로 새라고 생각하기 쉽습니다. 하지만 박쥐는 알을 낳지 않고 새끼를 낳아 젖을 먹여 키우는 포유동물입니다. 커다란 날개wing처럼 보이는 것은 앞다리가 날개 모양으로 변한 것이지요.

박쥐는 수천 마리가 동굴에 모여 살며 캄캄한 밤night에 활동하는데, 어떻게 다른 박쥐나 동굴 벽에 부딪히지 않을까요? 어떻게 캄캄한 어둠 속을 날아다니며 먹이를 잡을까요? 시력視力이 좋아서일까요? 아니랍니다.

박쥐는 콧구멍에서 초음파를 쏘아 그 초음파가 물체에 부딪혀 생기는 진동을 커다란 귀로 받아들여 물체에 대한 정보를 얻는답니다. 진동으로 물체까지의 거리, 방향, 질감質感 등을 파악하는 것이지요. 말하자면 콧구멍과 귀가 눈 역할을 하는 셈입니다.

초음파란 사람의 귀로 들을 수 있는 진동수 16~20,000헤르츠를 초과한 매우 높은 소리로, 초음파를 보내 되돌아오는 음파로 사물을 파악하는 박쥐의 놀라운 재능才能은 갖가지 기계에 이용되고 있습니다.

헤르츠
1초 동안의 진동 횟수를 나타내는 진동수의 국제단위. 기호는 Hz. 독일의 물리학자 '헤르츠'의 이름에서 유래되었다.

혹시 '초음파 검사'라는 말을 들어 보았나요? 초음파로 병病을 진단하는 검사 방법이지요. 초음파 검사는 X선 검사에 비해 간편하고 비교적 몸에 안전하므로 병원에서 널리 쓰이고 있습니다. 엄마 배 속에 있는 아기baby를 진단할 때도 쓰이고요.

초음파는 그 밖에 물고기fish 떼의 존재나 수량·종류 따위를 분석하는 어군 탐지기, 물속 장애물이나 해저海底 상황을 탐지하는 음파 탐지기로도 이용되고, 고체 재료의 내부 결함을 살피는 비파괴 검사, 보석·유리의 절단이나 가공加工에도 이용되는 등 그 쓰임새가 매우 많답니다.

비파괴 검사
검사하려는 물체를 파괴하지 않고 초음파나 X선 등으로 내부의 흠, 찌그러짐 등을 확인하는 검사

박쥐가 내는 초음파를 싫어하는 나방moth의 성질을 이용해 나방 퇴치용으로 쓰기도 하고요.

박쥐는 또 다른 아이디어도 사람에게 주었습니다. 펄럭펄럭 나는 모습이지요. 이탈리아의 천재天才 화가 레오나르도 다빈치, 캐나다의 드로이에 박사 등이 박쥐가 나는 방법을 유심히 관찰하고 비행기 날개에 그 방법을 적용했다고 합니다. 레오나르도 다빈치는 스케치sketch에 그쳤지만, 드로이에 박사는 직접 제작한 비행기로 하늘을 날았대요. 박쥐처럼 펄럭거리는 날개를 가진 비행기로요.

[지금까지 아무도 몰랐던 80가지 동물·식물의 엄청난 능력 - 포유동물]

코끼리가 가르쳐 준 우유 짜는 로봇 팔

코끼리elephant는 육지에 사는 동물 중에서 덩치가 가장 크고 가장 무겁습니다. 몸무게가 50kg인 사람 100~150명에 맞먹는 5~7.5톤이나 되지요. 거대한 몸, 기둥처럼 튼튼한 다리, 커다란 귀…….

하지만 코끼리 하면 뭐니뭐니 해도 기다란 코입니다. 코끼리의 코는 윗입술과 코가 합쳐져 기둥 모양으로 길게 자란 것으로 4만 개나 되는 근육으로 이루어져 있습니다. 그러므로 힘이 엄청나게 세고, 또 3km나 떨어진 곳에서 나는 냄새smell도 맡을 수 있답니다.

길고 힘이 세며 마음대로 움직일 수 있는 코끼리의 코는 따로 손이 없는 코끼리의 손 역할役割도 합니다. 코끼리의 코 끝에는 콧구멍이 있는데 콧구멍 끝에 작은 물건을 잡을 수 있는 손가락finger 모양의 작은 돌기가 있어요. 그 돌기로 먹이를 꽉 쥔 다음 근육질의 기둥을 움직여 입안으로 먹이를 밀어넣거든요. 물water도 콧속으로 빨아

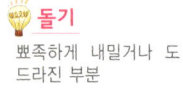
돌기
뾰족하게 내밀거나 도드라진 부분

들여 마시고, 샤워 꼭지처럼 다시 내뿜기도 합니다. 시원하게 물줄기가 치솟는 분수 같지요.

코끼리 코의 이 놀라운 능력能力을 허투루 보지 않은 사람들이 있습니다. 영국 아이스로보틱스 사의 기술자들이 코끼리 코에서 힌트hint를 얻어 '젖 짜는 로봇 팔'을 발명했지요. 이 로봇 팔은 액체로 채워진 부드러운 튜브tube로 이루어져 있는데, 펴지기도 하고 오므라들기도 하고 혹은 다양한 각도로 접히기도 합니다.

또한 팔 끝에 적외선 카메라가 달려 있어서 로봇 팔이 젖소cow의 젖 쪽으로 움직이고, '젖을 빨아내는 통'이 자동적으로 제자리를 잡도록 도와줍니다. 이 젖 짜는 로봇 팔은 자동으로 작동하므로 사람이 없어도 얼마든지 우유milk를 짤 수 있답니다. 요사이는 우리나라 목장에서도 많이 쓰이고 있대요.

코끼리 코 덕분에 목장 사람들이 젖소의 젖을 짜는 수고를 덜게 된 것입니다. 뿐만 아니라 사람이 짜는 것보다 우유 생산량生產量도 훨씬 늘었답니다.

적외선 카메라
적외선 건판을 이용하여 촬영하는 카메라. 물체의 온도를 감지하여 야간 촬영이나 화재 현장의 수색 등에 유용하게 쓰인다.

[지금까지 아무도 몰랐던 80가지 동물·식물의 엄청난 능력 – 포유동물]

혹등고래 덕분에 성능이 좋아진 헬리콥터

혹등고래란?
등에 혹이 있다고 해서 생긴 이름이다. 영어로도 humpback이다.

혹등고래는 몸길이가 약 12~15m, 몸무게weight가 40톤이나 될 만큼 뚱뚱하고 덩치가 큽니다. 그런데도 움직임이 매우 빠르고 재주도 아주 잘 부리는 재주꾼이랍니다.

물속에서 배를 위로 하고 솟구쳐 올라 등back 쪽을 활 모양으로 구부린 후 머리를 먼저 물속으로 처박는 재주넘기를 하는가 하면, 깊이 잠수할 때는 등을 둥글게 구부리고 앞으로 회전하여 꼬리가 물과 수직이 되게 물속으로 들어갑니다. 또한 아주 다양한 노랫소리를 내는 가수singer이기도 하지요. 5~35분간이나 노래를 계속하는데 신음 소리, 울음소리, 윙윙거리는 소리, 코 고는 소리 등 온갖 소리를 낸답니다.

혹등고래의 지느러미에 솟은 돌기는 소용돌이를 일으켜 지느러미 표면을 따라 흐르는 물이 쉽게 흩어져 버리는 것을 늦추어 줍니다.

독일 항공 우주 센터 연구진은 이 사실을 활용해 헬리콥터helicopter의 성능을 개선하였습니다. 헬리콥터의 회전 날개 끝에 지름 6mm의 고무 돌기 186개를 달았지요. 헬리콥터가 날아가는 쪽으로 회전하는 날개는 앞에서 불어오는 공기 덕분에 양력揚力을 더 많이 받습니다. 이 때문에 뒤쪽으

양력
유체(기체와 액체) 속을 운동하는 물체에, 그 운동 방향과 직각인 방향으로 작용하는 힘

우아, 재주넘기 하는 것 좀 봐!

로 돌아가는 날개보다 속도(速度)가 더 빨라집니다. 그런데 이 속도가 늦어질 경우 헬리콥터가 흔들리게 됩니다. 심할 경우 양력을 잃고 땅으로 떨어질 수도 있지요.

하지만 회전 날개에 돌기를 달자 양력을 더 많이 받게 되었고, 그만큼 헬리콥터의 안정성(安定性)이 높아졌습니다. 즉, 혹등고래의 지느러미에 난 돌기를 흉내 낸 덕분에 헬리콥터

요 돌기가 양력을 크게 해 줘.

노래도 잘하는 만능 재주꾼이야.

활주로
비행기가 뜨고 내릴 때 달리는 길. 대부분의 항공기가 활주로를 필요로 한다.

의 성능이 훨씬 좋아진 것입니다.

헬리콥터는 활주로가 없어도 뜨고 내릴 수 있고, 오른쪽·왼쪽 방향으로의 이동移動과 후퇴 비행, 공중에서의 정지 등을 할 수 있습니다.

따라서 공중 측량, 사진 촬영, 인원·물자의 수송, 화재 진압 및 구조, 연락·감시 등 민간용으로 이용되고, 군사용으로는 정찰·지휘, 무기와 병력의 수송 외에 잠수함submarine의 수색·공격에 이용됩니다. 뿐만 아니라 비교적 좁은 지역에서 이루어지는 전투에서 레이더와 강력한 무기를 싣고 지상地上 공격을 맡기도 합니다.

::세상에서 가장 무거운 동물

혹등고래는 몸무게가 40톤이나 됩니다. 하지만 흰긴수염고래에 비하면 아기입니다.

흰긴수염고래는 고래 중에서 덩치가 가장 커서 최대 몸길이 30m에 몸무게가 150~200톤에 이른답니다. 지구 상에서 가장 무거운 동물이지요. 육지에 사는 동물 중에서 가장 덩치가 큰 코끼리가 5~7.5톤이니, 자그마치 3,40배나 되는 셈입니다.

흰긴수염고래는 꼬리 근처에 작은 등지느러미가 있고, 목과 가슴에 80~100개의 세로 홈이 있습니다. 검은색의 짧은 수염(고래수염)을 가지고 있는데, 이 고래수염은 위턱의 양 옆에 늘어져 있는 수많은 각질판으로서 먹이를 거르는 체의 역할을 합니다. 바닷물을 들이켜 그 안에 든 플랑크톤을 이 고래수염으로 걸러 먹고 산다니, 참으로 편한 사냥 방법이지요. 하지만 어마어마한 덩치를 유지하려면 엄청난 바닷물을 들이켜야겠지요?

호흡할 때 머리 꼭대기에 열려 있는 분기공으로부터 뿜어져 나오는 물기둥의 높이가 10~15m에 이른다고 합니다.

한편, 쇠돌고랫과의 바키타돌고래는 몸길이 1.5m, 몸무게 48kg으로 고래 중에서 가장 작다고 합니다.

물을 뿜는 흰긴수염고래

[지금까지 아무도 몰랐던 80가지 동물·식물의 엄청난 능력 – 포유동물]

기뢰 찾는 돌고래

개는 영리하고 사람을 잘 따르므로 애완동물pet로서 큰 사랑을 받고 있습니다. 뿐만 아니라 목장에서 양을 지키는 목양견, 사냥에 이용되는 사냥개, 맹인 등 장애인에게 도움을 주는 안내견, 인명 구조 등에 이용되는 구조견 등 오래전부터 사람에게 큰 도움을 주어 왔습니다.

그런데 놀랍게도 바다에서 기뢰 수색, 해저 탐색 등에 활용되는 등 사람에게 큰 도움을 주는 동물이 있답니다. 바로 돌고래dolphin이지요.

바다sea에 살지만 돌고래는 아가미가 아닌 허파로 숨을 쉬며, 알이 아닌 새끼를 낳아 젖을 먹여 기르는 포유류입니다. 또한 고래whale 치고는 덩치가 작아 몸길이가 5m도 안 되고, 몸체는 물고기처럼 유선형이며, 대개 부리처럼 생긴 윤곽이 뚜렷한 주둥이를 지니고 있습니다. 턱chin에는 이빨이 돋아 있고요.

돌고래는 지능 지수(IQ)가 60~90으로, 사람으로 치면 대여섯 살 어린이의 지능에 해당한답니다. 동물 중에서는 침

기뢰
기계 수뢰의 준말, 강철통에 다량의 폭약을 채워 물속에 숨겨 놓아, 적의 함선의 접촉이나 접근에 의해 자동적으로 폭발하거나 원격 조작으로 폭발시켜 함선을 파괴하는 무기

참 똑똑한 친구들이군.

팬지와 고릴라, 원숭이 다음으로 높은 편이지요. 게다가 사람을 잘 따르고 선천적으로 재주를 잘 부리므로 훈련訓練을 시켜서 동물원zoo 등에서 공연을 보여 주기도 합니다.

그런데 미국의 해군에서는 30여 년 전부터 돌고래를 바닷속 기뢰를 찾는 데 이용하고 있다고 합니다. 돌고래는 물속에서도 후각·청각·시각이 두루 뛰어나거든요. 무엇보다도 사람은 물론 로봇조차 들어가서 활동하기 힘든 수심水深 200m까지 들어갈 수 있으니 더할 나위가 없지요.

돌고래가 기뢰를 찾도록 훈련시키는 일은 별로 어렵지 않다고 합니다. 돌고래에게 기뢰를 보여 주고 그때마다 먹이를 주어서, 돌고래로 하여금 기뢰를 보면 먹이를 얻을 수 있다는 생각을 갖게 하는 것입니다. 돌고래는 자연스럽게 먹이를 얻기 위해 물속에서 기뢰를 찾게 되겠지요.

이렇게 계속해서 훈련training을 되풀이하면 돌고래는 기뢰를 발견하자마자 특이한 초음파를 보낸다고 합니다. 저기 기뢰가 있으니 어서 먹이를 달라는 뜻일까요?

그러면 군인들이 바다 위 선박이나 수중 잠수함에서 특수 장비로 이 초음파를 포착해 기뢰의 위치位置를 확인하는 것입니다. 이를테면 '수색 돌고래'인 셈이지요.

[지금까지 아무도 몰랐던 80가지 동물·식물의 엄청난 능력 - 포유동물]

얼룩말과 줄무늬 효과

아프리카 초원 지대에 사는 얼룩말zebra은 말과 생김새가 비슷하고 풀을 먹고 사는 초식 동물입니다. 그런데 둘은 몸빛이 전혀 다릅니다. 얼룩말은 하양 또는 연노랑 바탕에 검은 줄무늬가 있거든요. 얼룩말이란 이름도 그 때문에 생긴 것이랍니다.

얼룩말은 왜 얼룩무늬를 갖게 되었을까요?

얼룩말은 여럿이 무리group를 지어 영양 등 다른 초식 동물들과 함께 지내는데, 얼룩말의 얼룩무늬가 사나운 사자나 표범의 공격攻擊을 피하는 데 큰 도움을 준답니다. 여러 마리의 얼룩무늬가 합쳐지면 사자나 표범의 눈이 혼동을 일으켜 쉽사리 얼룩말에게 덤벼들지 못한대요. 얼룩 줄무늬가 얼룩말을 위험으로부터 보호해 주는 보호색保護色인 셈이지요.

그런데 헝가리와 스웨덴 연구진이 얼룩말의 몸에 얼룩무늬가 생긴 것은 흡혈 곤충으로부터 스스로를 보호하기 위해 진화한 것이라는 연구 결과를 발표했습니다.

아프리카 사막desert에 사는 체체파리는 피를 빨아 먹는 무서운 흡혈 곤

영양
사슴 비슷한 체형에 네 다리가 가늘고 긴 솟과의 초식 동물. 아프리카·인도의 초원에 살며 매우 빨리 달린다.

충입니다. 체체는 '소를 죽이는'이란 뜻이지요. 이 파리에게 물리면 사람이고 동물이고 수면병이라는 전염병傳染病에 걸릴 수 있는데, 정신이 몽롱해져 잠sleep에 빠지게 되고, 심할 경우 죽기도 한답니다.

얼룩말이 바로 이 파리를 피하기 위해 얼룩무늬를 갖게 되었다는 것이지요. 실제로 시험해 보니, 체체파리가 얼룩 줄무늬에는 쉽게 다가가지 않았답니다.

사자나 표범 같은 사나운 육식肉食 동물, 무서운 전염병을 옮기는 체체파리의 접근接近을 막아 주는 얼룩말의 줄무늬에는 또 다른 비밀도 숨어 있습니다.

검은 줄무늬 위의 기온氣溫은 흰 줄무늬 위의 기온보다 높습니다. 검정

색은 햇빛을 반사하는 흰색과 달리 햇빛을 흡수하거든요.

따라서 검은 줄무늬 위의 따뜻한 공기空氣가 위로 올라가면서 아래쪽 흰 줄무늬 위의 차가운cold 공기와 기압의 차이를 일으키고, 그에 따라 공기 흐름이 생겨나 자연스럽게 기온이 내려간답니다.

이 같은 얼룩말의 줄무늬에 담긴 원리를 건물에 활용하여 에너지energy를 절약한 곳이 있습니다.

안데르스 나이퀴스트라는 건축가가 설계한 일본 센다이 시에 자리한 다이와 하우스입니다. 이 사무용 건물 외벽에는 검정색과 흰색이 번갈아 칠해져 있어, 얼룩말의 줄무늬처럼 건물의 표면 온도가 저절로 내려갑니다. 그에 따라 이 건물은 별도의 통풍通風 시설 없이도 여름철 건물 내부의 온도를 약 5도나 낮춤으로써 약 20%의 에너지 절감 효과를 거두고 있다고 합니다.

혹시 얼룩말 무늬를 가진 건물을 여기저기에서 보게 되는 게 아닐까요? 여름에 얼룩말 무늬 셔츠shirt를 입은 사람들이 늘지는 않을까요?

통풍
바람이나 맑은 공기가 잘 드나들 수 있게 함.

:: 여러 종류의 개

애완동물로서 큰 사랑을 받는 개는 늑대를 개량하여 가축화한 것이라고 하며, 품종이 매우 많습니다.

[달마티안]

[불도그]

[몰티즈]

[알래스칸 맬러뮤트]

[요크셔테리어]

[진돗개]

[차우차우]

[푸들]

[비글]

[지금까지 아무도 몰랐던 80가지 동물·식물의 엄청난 능력 - 포유동물]

사막의 짐꾼 낙타와 모노레일

모래sand와 자갈로 덮인 바닷가나 강가를 맨발로 걸어 보았나요? 발이 모래에 푹푹 빠지고 발가락이 돌멩이에 채어 걷기가 여간 불편하지 않지요. 그런데 모래로 뒤덮인 사막을 태연하게 잘 걷는 동물이 있습니다. 바로 낙타camel이지요. 낙타는 다리가 길고, 발은 부드럽고 넓적하며 발가락이 2개뿐이라서 모래나 눈 위에서도 쓱쓱 잘 걸을 수 있습니다.

그뿐인가요. 혹시 사막에 회오리바람이 불어 모래먼지가 마구 날려도 끄떡없답니다. 속눈썹이 2줄이고 귀ear에 털이 나 있어 모래먼지를 막아 주고, 콧구멍을 꽁꽁 닫으면 되니까요.

또한 낙타는 가시 식물이나 마른풀 같은 형편없는 먹이만 먹고도 오랫동안 잘 버틸 수 있습니다. 등back에 솟은 혹 속에 지방이 들어 있기 때문이지요. 물을 마시지 않고도 며칠을 살 수 있답니다. 혹 속의 지방을 분해해서 수분水分을 보충하면 되니까요. 그리고 무릎을 꿇을 때는 가슴과 무릎에 있는 딱딱한 보호구保護具로 몸을 지탱합니다.

그야말로 낙타는 사막 생활에 꼭 맞는 신체를 가지고 있는 셈입니다. 그러니 교통이 발달하지 못한 옛날에 사막을 여행하는 사람들에게 낙타는

보호구
신체를 보호해 주는 역할을 하는 설비 또는 도구

최고의 교통수단이었지요.

캐러밴caravan 또는 대상隊商이라고 불리는 상인들은 낙타에 짐을 싣고 사막을 건넜습니다. 낙타는 성격까지 온순하니 더없이 좋은 짐꾼이었지요.

낙타가 등 양쪽에 짐load을 싣고 걷는 모습을 눈여겨 본 프랑스의 라르티그란 사람은 모노레일을 발명하기도 했습니다.

아프리카 북부 알제리에서 기계 기사로 일하던 라르티그는 사막의 모래바람 때문에 곤경에 빠지곤 했습니다. 공사工事에 쓰일 자재를 열차로 실어 와야 하는데 모래바람이 일 때마다 철로가 모래에 파묻혀 열차train가 오도 가도 못하는 바람에 일을 중단할 수밖에 없었으니까요.

고민에 빠진 그의 눈에 등 양쪽에 짐을 싣고 모래 위를 씩씩하게 걷는 낙타가 보였습니다.

"야호! 저렇게 공중空中으로 짐을 옮길 수 있는 방법이 없을까? 철로를 공중에 설치하고 그 위를 열차가 달리게 하는 거야!"

그는 공중에 한 줄의 레일rail을 설치하고 그 레일 위에 자재를 실은 열차가 달리게 하였습니다. 그러자 레일이 모래에 파묻히는 일이 없어졌고, 자재가 제때에 도착해 공사는 착착 진행進行되었답니다.

부디 이 짐 좀 그대 등에 실어 주오!

모노레일
선로가 하나인 철도. 선로에 차체가 매달리는 식과 선로 위에 걸터앉는 식이 있다. 대중 교통수단으로 쓰일 뿐 아니라 지금은 놀이기구, 짐 수송 등 다양하게 이용되고 있다.

[지금까지 아무도 몰랐던 80가지 동물·식물의 엄청난 능력 – 포유동물]

무서운 호랑이가 위장술까지…

우리나라 호랑이
우리나라는 산이 많아 '호랑이의 나라'라고 불릴 만큼 호랑이가 많이 살았다. 그러나 일제 강점기 때 수많은 호랑이가 살해되어 지금은 북한의 백두산 등지에 극히 일부가 살아 있을 것으로 추정된다.

우리나라 옛날이야기 중에는 '옛날 옛적 호랑이tiger 담배 피던 시절에…'로 시작되는 것이 많습니다. '까마득한 옛날에' 일어난 이야기라는 뜻이지요. 호랑이는 〈단군 신화〉에도 등장할 만큼 오랜 옛날부터 우리나라에 살았으며, 조선 시대에 호랑이가 궁궐에까지 출몰했다는 내용內容이 〈조선왕조실록〉에 실려 있고, 100년 전만 해도 사람들 눈에 띄곤 했다고 합니다. 그러나 안타깝게도 1921년 이후 지금까지 남한에서는 호랑이가 발견되지 않고 있습니다.

우리 민족民族에게 있어서 호랑이는 사나운 맹수로서 두려움의 대상이면서, 또한 수많은 설화와 속담에 등장하는 아주 친숙한 동물animal이기도 합니다.

'호랑이는 죽어서 가죽을 남기고, 사람은 죽어서 이름을 남긴다.', '호랑이도 제 말 하면 온다.', '호랑이에게 물려 가도 정신만 차리면 산다.' 등은 흔히 쓰이는 속담입니다. 또한 〈호랑이와 곶감〉〈효자 호랑이〉〈팥죽할멈과 호랑이〉〈해와 달이 된 오누이〉 등 호랑이가 등장하는 옛이야기가 수없이 많습니다. 뿐만 아니라 김홍도의 〈송하맹호도〉를 비롯하여 그

야옹이는 우리 사촌이야.

  림으로도 많이 그려졌습니다. 그야말로 우리 생활生活과 문화 깊숙이 들어와 있는 동물이지요.

  호랑이는 포유류 고양잇과에서 가장 큰 동물로 몸길이 1.4~2.8m, 꼬리길이 60~95㎝, 몸무게 180~240㎏입니다. 등은 누런 갈색이고 검은 가로무늬가 있으며 배는 흰색white입니다. 꼬리는 길고 검은 줄무늬가 있습니다. 삼림森林이나 대숲에 혼자 또는 암수 한 쌍이 같이 사는데 시베리아 남부에서 인도, 자바 등지에 분포합니다.

  그런데 덩치가 무척 큰 호랑이는 숲 속을 어슬렁거려도 눈에 잘 띄지 않습니다. 몸body에 있는 무늬 때문이지요. 그래서 다른 동물들이 호랑이가

거참 대단한 동물이야.

가까이에 있다는 것을 잘 눈치채지 못합니다.

결국 호랑이의 위장술 때문에 미처 달아날 사이도 없이 호랑이의 밥이 되어 버리는 것이지요.

힘도 세고 날렵한 호랑이가 다른 동물이 잘 눈치채지 못하게 위장술까지 쓴다니, 호랑이의 치밀한 두뇌가 감탄스럽습니다.

군인들이 적과 싸울 때 얼굴face에 무늬를 그리고, 군복과 자동차를 얼룩무늬로 위장하는 것은 바로 호랑이의 위장술을 흉내 낸 것이라고 합니다. '동물의 왕'이라고도 불리는 호랑이답게 우리 인간人間에게 한 수 가르쳐 준 것이지요.

우리나라에는 맹호(사나운 호랑이) 부대, 백호(흰 호랑이) 부대 등 호랑이를 부대 이름으로 사용한 곳도 있답니다.

:: 사자와 호랑이가 결혼하여 낳은 아기

암사자와 수사자

야생에서 사자와 호랑이가 결혼하여 새끼를 낳는 경우는 거의 없습니다. 하지만 동물원 등에서 사자와 호랑이가 같이 살 수 있는 조건을 만들어 주면 두 동물이 결혼하여 새끼를 낳기도 합니다.

수사자와 암호랑이 사이에서 태어난 새끼는 라이거(liger)라고 합니다. 몸집은 사자보다 약간 크고 몸빛은 사자와 비슷한데 약간 어두운 색이며, 호랑이처럼 갈색 줄무늬가 있지만 뚜렷하지는 않습니다. 수컷은 짧은 갈기가 있습니다. 우리나라에서는 1989년에 에버랜드 동물원에서 수사자와 암호랑이가 결혼하여 3마리의 새끼를 낳는 등 여러 차례 라이거가 태어났답니다.

반대로 암사자와 수호랑이 사이에서 태어난 새끼는 타이곤(tigon)이라고 합니다. 타이곤의 덩치는 어미보다 크며 호랑이와 비슷한 무늬가 있고, 수컷은 사자처럼 갈기가 있습니다.

그런데 라이거에 비해 타이곤이 태어나는 경우는 매우 적습니다. 수컷이 암컷에게 접근해서 결혼해야 하는데, 수사자는 성격이 무던해서 암호랑이에게 쉽게 다가가지만 수호랑이는 신경이 예민해서 좀처럼 암사자에게 다가가지 않기 때문이랍니다.

라이거나 타이곤은 아기를 가질 수 없어 1대에서 끝납니다.

[지금까지 아무도 몰랐던 80가지 동물·식물의 엄청난 능력 – 포유동물]

캥거루를 흉내 낸 인큐베이터

캥거루란?

영국의 탐험가 쿡이 오스트레일리아에서 난생 처음 보는 동물을 보고 원주민에게 그 이름을 묻자 원주민이 '캥거루'라고 대답했던 것이다. '모르겠다'고 대답했던 것이다. 하지만 쿡은 캥거루가 그 동물의 이름인 줄 알고 그대로 사용하였다. 캥거루는 I don't know.(나는 몰라.)인 셈이다.

오스트레일리아 하면 가장 먼저 떠오르는 것은 귀여운 캥거루kangaroo입니다. 짧은 앞다리를 든 채 튼튼하고 기다란 뒷다리로 펄쩍펄쩍 뛰는 모습, 곧게 설 때 몸body을 받쳐 주는 1m 가까이나 되는 긴 꼬리, 그리고 엄마 캥거루의 배에 달린 주머니pocket 밖으로 고개를 내민 귀여운 새끼 캥거루…….

캥거루는 1~3㎝ 정도밖에 되지 않는 아주 작고 약한 새끼를 낳습니다. 완두콩만 한 새끼는 태어나자마자, 누가 가르쳐 주는 것도 아닌데 스스로 엄마 캥거루의 털을 헤치고 배 아래쪽에 달린 주머니로 찾아 들어갑니다. 그리고 부드러운 털로 싸인 따뜻한 주머니 안에서 엄마 캥거루의 젖을 빨아 먹으며 무럭무럭 자라납니다. 너무 작게 태어나 당장은 밖outside에서 활동活動할 수 없기 때문이지요.

물론 엄마가 나뭇잎을 뜯어 먹을 때 주머니 속에서 목만 내밀고 나뭇잎을 뜯어 먹기도 하고, 주머니 밖으로 나와 걷고 뛰는 법을 배우기도 합니다. 하지만 위험을 만나면 후닥닥 주머니 속으로 들어가 숨어 버리지요.

엄마 캥거루의 주머니는 젖을 먹고 쉬고 잠sleep을 자는 안락한 베이비

침대bed이자 유모차인 셈입니다. 엄마가 이동하면 새끼도 덩달아 이동하게 되잖아요.

5~6개월쯤 그렇게 자라 강아지puppy만 해지면 새끼가 주머니를 떠납니다. 이제 엄마의 보살핌이 없어도 혼자 잘 살아갈 수 있으니까요.

너무 일찍 태어난 조숙아나 충분히 자라지 못한 채 태어난 미숙아가 들어가는 인큐베이터(영아 보육기)에 대해 알고 있나요?

인큐베이터는 바로 엄마 캥거루의 아랫배에 달린, 새끼 캥거루를 키우는 주머니를 흉내 낸 것이랍니다. 아직 불완전不完全한 아기를 안심할 수 있을 때까지 엄마 배 속과 똑같이 편안한 곳에서 무럭무럭 자라게 하려는 것이지요.

캥거루 아줌마, 고마워요!!

인큐베이터는 온도·습도·산소를 그때그때에 맞게 조절해 주고, 외부로부터 병균이 침입하지 못하게 하는 등 아기가 잘 자랄 수 있게 만든 1인용 특수 침대라고 할 수 있습니다. 작은 유리벽으로 된 상자box에 긴 고무장갑이 달린 구멍이 있어 간호사가 장갑을 끼고 아기를 돌봅니다. 아기는 혼자 숨 쉬고 체온體溫을 유지하는 데 문제가 없을 때까지 이 속에서 지내게 되지요.

수많은 아기들의 목숨life을 살리고 있는 인큐베이터를 만드는 데 멋진 아이디어를 제공한 캥거루에게 감사해야겠지요?

인큐베이터
조숙아, 미숙아를 위한 영아 보육기로서 쓰일 뿐만 아니라 세균이나 동물 세포 등을 일정 온도에서 배양하기 위한 기구로도 사용된다.

[지금까지 아무도 몰랐던 80가지 동물·식물의 엄청난 능력 – 포유동물]

치즈의 원조는 양

사람의 성격性格이나 행동을 비유할 때 흔히 동물에 빗대는 경우가 많습니다. 미련한 사람은 곰, 고집 센 사람은 황소, 사나운 사람은 호랑이, 변신을 잘하는 사람은 카멜레온, 행동이 굼뜬 사람은 굼벵이…….

그런데 성격이 온순한 사람은 양 같다고 합니다. 양은 정말 그럴까요?

양 하면 평화peace가 떠오르듯 양은 성격이 순박하고 온화하여 좀처럼 싸우는 법이 없습니다. 무리를 지어 집단생활을 하면서도 동료 간에 세력 다툼이나 먹이 다툼을 벌이지 않지요. 하지만 한번 화anger가 나면 참지 못하고, 반드시 갔던 길로 되돌아오는 고지식한 면도 있답니다.

크리스트교에서는 '인간은 약한 존재'라는 뜻에서 신자信者를 양으로 일컫습니다. '길 잃은 양'이니 하는 말 들어 보았지요?

털과 고기와 젖을 사람에게 제공하는, 그야말로 모든 것을 아낌없이 다 주는 양은 기원전 5000년경

부터 가축으로 길렀습니다. 오늘날은 오스트레일리아, 뉴질랜드, 러시아, 미국 등 넓은 초원을 가진 나라에서 10억 마리 이상 사육되고 있습니다.

포유류 솟과의 한 종種인 양은 기린, 사슴, 낙타, 소와 함께 되새김질을 하는 반추 동물입니다. 반추 동물의 위는 반추위라고 하는데, 먹은 음식물을 넣어 두는 제1위(혹위), 벌집과 같은 모양의 벽이 있는 제2위(벌집위), 점막이 주름 모양으로 된 제3위(겹주름위), 위선胃腺이 분포된 제4위(주름위) 등 4개의 방으로 이루어져 있습니다. 따라서 위가 매우 크지요.

치즈cheese가 탄생한 것은 양의 위 덕분이라고 합니다. 고대 아라비아의 상인이 먼 길을 떠나면서 양의 위로 만든 주머니에 염소젖을 넣어 가지고 갔습니다. 배가 고파 염소젖을 먹으려고 주머니를 연 상인은 깜짝 놀랐어요. 염소젖이 물과 같은 액체liquid와 흰 덩어리로 변해 있었거든요.

양이나 소 같은 반추 동물의 위 점막에서는 젖의 단백질인 **카세인**을 파라카세인으로 변화시켜 단단히 굳게 만드는 레닌(rennin)이라는 효소가 분비되는데, 양의 위를 말려 만든 주머니에 남아 있던 레닌이 염소젖을 응고시켰던 것입니다.

카세인
포유류의 젖 속에 함유된 단백질. 모든 필수 아미노산을 함유하고 있어 영양상 매우 중요하다. 산을 첨가하면 응고하여 가라앉는다.

염소젖이 상했다고 생각한 아라비아 상인은 못쓰게 된 염소젖을 쏟아 버리려다 무심코 덩어리를 손으로 찍어 맛taste을 보았습니다.

"어라? 이거 맛이 괜찮은데!"

상인은 자기도 모르는 사이에 덩어리를 먹고 있었어요. 그는 시험 삼아 주머니에 다시 염소젖을 넣어 두었습니다. 다음 날 열어 보니 역시 덩어리가 생겨 있었습니다. 이렇게 해서 치즈를 발명, 아니 발견發見했답니다.

[지금까지 아무도 몰랐던 80가지 동물·식물의 엄청난 능력 - 포유동물]

북극곰의 보금자리와 이글루

눈과 얼음으로 뒤덮인 북극에서 살아가는 북극곰polar bear은 엄청나게 큰 덩치와 달리 표정이 순해 보이고, 특히 온몸이 길고 새하얀 털로 덮여 있어 어린이들이 매우 좋아합니다. 새하얀 털빛 때문에 '흰곰' 또는 '백곰' 이라고도 불리지요.

북극곰은 영하 50도까지 내려가는 매서운 추위 속에서도 잘 견딜 수 있는 신체身體를 가지고 있습니다. 촘촘히 박힌 길고 하얀 털이 햇볕을 반사하면 그 열을 까만 피부막이 흡수하고, 또 두터운 지방층이 체온體溫을 유지시켜 주지요.

추위를 막기 위한 북극곰의 털의 원리는 건물의 난방heating에 이용되었습니다. 건물에 흡수한 태양열을 밖으로 내보내지 않는 단열재斷熱材를 써서 겨울을 따뜻하게 지내는 방법을 찾아낸 것입니다.

북극곰의 하얀 털은 보호색(또는 위장색)의 역할役割도 합니다. 눈이나 얼음 위에 있어도 눈에 잘 띄지 않으니, 북극곰의 주요 먹이인 물범류를 몰래 다가가서 잡기에도 좋고, 사냥꾼hunter 같은 위험한 적에게 들킬 염려도 적지요.

단열재
열의 차단이나 보온 등에 쓰이는 재료. 열이 전도되기 어려운 석면, 유리 섬유, 코르크, 발포 플라스틱 따위가 쓰인다.

너무 하얘서 잘 안 보여~

특히 놀라운 것은 필요할 때마다 코와 입 등 까만 부분을 보이지 않게 감춘다는 것입니다. 정말 꾀보이지요?

북극곰은 눈 속에 굴cave을 파서 보금자리를 만듭니다. 약간 긴 터널처럼 파는데 입구는 안쪽보다 약간 낮게 팝니다. 안쪽에서 생긴 물이 밖으로 흘러 나가고, 터널 안의 따뜻한 공기空氣가 쉽게 빠져나가는 것을 막기 위해서이지요.

북극에 사는 에스키모들이 겨울을 나기 위해 또는 사냥을 위해 임시로 짓는 얼음집을 이글루igloo라고 합니다.

이글루를 만드는 방법方法은, 먼저 얼어붙은 눈더미를 눈칼로 잘라 눈

에스키모

아시아 대륙의 베링 해협 연안에서 북아메리카, 그린란드에 이르는 북극 지대에 사는 몽골계 인종. 예전에는 동물을 사냥하고 물고기를 잡아 생활했으나 백인과의 접촉으로 지금은 사회·문화적으로 많이 변화하고 있다.

집도 잘 짓는 영리한 친구야.

벽돌을 만듭니다. 그리고 평평하게 다진 눈 위에 눈벽돌 줄을 둥글게 두른 다음 벽돌 위 표면을 안으로 기울게 깎아 나선형의 첫 단 모양으로 다듬습니다. 그 위에 눈벽돌을 안으로 쏠리게 계속 쌓아 올려 환기 구멍hole만 남기고 완전한 돔dome 형태를 만듭니다. 그런 다음 벽돌 사이의 빈틈을 눈으로 채우고, 맑은 얼음이나 바다표범의 내장을 끼워 창문을 냅니다. 또한 원기둥을 반으로 자른 듯한 3m 길이의 좁은 통로通路를 만들어 밖에 드나들 수 있게 합니다. 북극곰의 보금자리를 그대로 베낀 구조이지요.

이글루 안은 바깥의 추운 기온이나 냉기를 차단하기 때문에 비교적 따뜻합니다. 또한 바닥에 바다표범 등 동물 가죽을 깔면 웬만한 추위에도 견딜 수 있는 훌륭한 집이 된답니다.

북극곰의 집을 베껴 자기네가 살 얼음집을 지은 에스키모들의 눈썰미 또한 놀랍지 않나요?

:: 북극곰은 북극에, 펭귄은 남극에 사는 까닭

펭귄

북극과 남극은 양쪽 다 무척 춥고 눈과 얼음으로 뒤덮여 있지만 구조가 전혀 다릅니다. 남극은 눈과 얼음으로 덮인 거대한 땅이고, 북극은 유라시아 대륙과 북아메리카 대륙으로 둘러싸인 바다이지요. 북극도 눈과 얼음으로 덮여 있지만 그 밑은 바다인 것입니다.

북극곰은 북극 근처의 대륙에 살던 동물이 먹이를 찾으러 왔다가 북극에 눌러살게 되면서 푹신한 털가죽 아래 두꺼운 지방층이 생기고, 털빛도 점점 눈빛과 가까워져 지금의 북극곰의 모습을 갖추게 되었답니다. 북극곰은 얼음 위를 이동하며 사냥을 하고 빙산 사이를 헤엄치기도 하는데 그 거리는 25㎞를 넘지 않습니다. 그러므로 머나먼 남극에까지 가기는 불가능하지요.

펭귄은 먹이를 찾아 남극에 날아든 물새들이 그대로 남극에 눌러살면서 점차 날개가 지느러미로 바뀌고 추위에 적응할 수 있는 몸으로 바뀌었습니다. 그러므로 북극에 가려면 헤엄을 쳐서 가야 하는데, 머나먼 북극까지 날지 않고 헤엄을 쳐서 가기는 매우 어렵지요.

북극곰을 남극에서, 펭귄을 북극에서 볼 수 없는 것은 바로 이 때문이랍니다.

[지금까지 아무도 몰랐던 80가지 동물·식물의 엄청난 능력 – 포유동물]

성장을 멈추지 않는 쥐의 이빨

디즈니 만화 영화의 주인공 미키 마우스 덕분에 전 세계 어린이들의 큰 사랑love을 받는 쥐. 사실 쥐는 음식물을 훔쳐 먹고 농작물에 피해를 주며, 페스트나 발진열 같은 전염병을 퍼뜨리는, 사람에게 해로운 동물입니다.

쥐는 남극과 뉴질랜드를 제외한 세계 어디에나 사는데 종류種類도 무척 많을 뿐만 아니라 그 수도 포유류의 1/3을 차지할 만큼 많습니다. 번식력이 강해서 한 번에 10~20마리 안팎의 새끼를 1년에 몇 차례씩 낳거든요.

쥐는 몸길이가 5~35㎝로 털빛은 잿빛·갈색·검정색 등입니다. 실험용이나 애완용으로 이용되는 새하얀 털빛의 흰쥐는 유럽산 시궁쥐를 개량하여 만든 것이지요.

쥐는 유난히 꼬리tail가 가늘고 깁니다. 쥐의 꼬리에 빗대어, 매우 보잘 것없어 마음에 차지 않을 때 '쥐꼬리만 하다'고 하지요.

쥐는 잡식성雜食性이라 풀·과일·곡식·곤충을 비롯하여 집에서 기르는 닭·오리, 농작물, 사람이 먹는 음식물까지 닥치는 대로 먹는데, 사람이 사는 곳에서 살면서 먹이를 구합니다. 그래서 쥐를 잡기 위해 쥐덫을

 페스트
쥐에 기생하는 벼룩에 의해 사람에게 전파되는 전염병. 오한, 고열, 두통 등의 증상을 보인 후 의식이 흐려져 죽는다. 중세 유럽에서 크게 유행하여 많은 이들이 목숨을 잃었다.

놓는가 하면, 쥐의 천적天敵인 고양이를 기르기도 하지요.

천적
어떤 생물이 다른 생물에게 잡아먹힐 경우, 잡아먹히는 생물에 대하여 잡아먹는 생물을 이르는 말

쥐의 신체 부위 가운데 매우 특이한 곳이 있습니다. 위아래 턱에 한 쌍씩 솟은 날카로운 앞니front tooth입니다. 이 앞니는 안으로 오그라져 있는데다 성장을 멈추지 않고 계속 자라기 때문에 계속 갈아 주지 않으면 안 됩니다. 우리가 손톱 발톱을 깎는 것과 마찬가지이지요. 그래서 쥐가 집 안의 온갖 물건, 심지어 비누soap까지 쏠아 놓는 것입니다.

이 같은 쥐의 앞니를 쇠붙이를 자르는 데 쓰는 칼날에 활용活用한 기술자가 있습니다.

쥐의 이빨을 잘 살펴보면 한쪽은 단단하고 다른 한쪽은 부드러워서 쉴 새 없이 이빨로 물건을 쏠아 대도 무디어지지 않고 늘 날카롭습니다.

이 원리를 금속 절단切斷 칼날에 활용한 것입니다. 금속 절단 칼날은 단단한 쇠붙이를 자르는 만큼 쉽게 무디어져 자주 칼날을 갈아 끼워야 하거든요. 그런데 쥐의 이빨처럼 한쪽은 단단하고 다른 한쪽은 부드러운 칼날을 쓰자 칼날이 예전처럼 쉽게 무디어지지 않았습니다. 따라서 칼날을 자주 갈아 끼울 필요가 없어졌고, 비용費用을 크게 절약하게 되었답니다.

[지금까지 아무도 몰랐던 80가지 동물·식물의 엄청난 능력 - 포유동물]

개 발바닥의 엄청난 비밀

우리는 한겨울에 외출外出할 때 따뜻한 외투coat를 입고 모자와 목도리, 장갑으로 꽁꽁 싸맵니다. 특히 차갑고 미끄러운 땅바닥에 닿는 발에는 두툼한 양말에 잘 미끄러지지 않는 부츠나 털신을 신습니다.

그런데 개dog는 옷을 입거나 신발shoes을 신지 않고도 전혀 추위를 타지 않고, 잘 미끄러지지도 않습니다. 몸이야 털로 뒤덮여 있으니 별로 춥지 않겠지만, 발바닥에는 털도 별로 없잖아요. 그런데 어떻게 발이 시리지도 않고, 또 미끄러지지도 않고 그렇게 잘 뛰어다닐까요?

개의 발바닥을 잘 살펴보면 단단한 각질로 싸인 둥그런 볼록살이 발바닥 가장자리를 따라 박혀 있습니다. 각질 표면에는 미세한 홈이 촘촘히 나 있고요. 개가 잘 달리고 미끄러운 빙판길에서도 잘 미끄러지지 않는 것은 바로 볼록살이 몸무게의 충격을 흡수하고, 각질 표면의 홈이 미끄럼을 방지해 주기 때문입니다.

폴 스페리라는 미국인은 이 같은 개의 발바닥을 보고 미끄럼 방지 밑창을 단 신발을 발명했답니다. 자신이 기르는 개가 눈snow과 얼음이 덮인 길을 태연히 잘

각질
비늘·털·뿔·부리 등을 형성하는, 단백질인 케라틴으로 이루어진 물질. 파충류 이상의 척추동물의 표피 부분을 이루며, 신체를 보호한다. 사람의 피부 맨거죽에도 각질이 층을 이루고 있다.

걷는 것을 보고 신발 밑창에 칼집을 내어 보았지요. 짐작대로 효과效果가 있었습니다. 스페리는 고무로 만든 밑창과 방수 처리를 한 가죽을 사용한 신발을 만들어 큰 인기를 모았고, 세계적인 신발 제조 회사인 스페리 사를 세웠답니다.

그런데 개의 발바닥은 또 다른 비밀secret도 갖고 있습니다.

일본의 어느 학자는 개 발바닥의 미세 혈관을 전자 현미경으로 촬영하여 놀라운 사실을 알아냈습니다. 사람과 달리 개의 발바닥에는 동맥과 정맥들이 서로 아주 가까이에 붙어 있어 역방향 열 교환이 이루어진다는 것이었지요.

역방향
어떤 방향에 대하여 반대되는 방향

심장heart에서 나오는 피를 몸 구석구석으로 나르는 동맥에는 더운 피가 흐릅니다. 이 더운 피는 몸 각 부분에 산소를 전달하고, 정맥을 통해 다시 심장으로 돌아갑니다.

개의 발바닥에 있는 정맥은 공기나 땅 가까이에 있어 온도溫度가 내려갑니다. 이때 정맥 가까이에 있는 동맥에서 정맥에 열을 전달해 정맥에 흐르는 피를 따뜻하게 데워 줍니다. 그래서 개는 한겨울에 맨발로 있어도 발이 얼지 않는답니다.

우아, 멋지다, 멋져!

요사이 친환경 건축으로 큰 관심을 모으고 있는 '패시브 하우스'는 이 같은 개 발바닥의 역방향 열 교환 시스템을 모방한 것이래요.

패시브 하우스란 '수동적(passive)인 집(house)'이라는 뜻으로, 능동적으로 에너지를 끌어다가 사용하는 액티브 하우스(active house)하고는 정반대正反對 개념의 건축입니다.

액티브 하우스는 태양열 흡수 장치 등을 이용하여 외부로부터 열을 끌어 쓰는 데 비해 패시브 하우스는 집 안의 열이 밖으로 새어 나가지 않도록 최대한 차단함으로써 다른 연료fuel를 사용하지 않고도 실내 온도를 따뜻하게 유지하는 것이지요.

즉, 개 발바닥의 정맥이 동맥의 도움을 받아 데워지듯이 다른 난방 시설 없이 자체적自體的으로 집 안의 온도를 유지하는 것입니다.

개의 발바닥에 이토록 놀라운 아이디어idea가 두 가지나 숨어 있다니, 가까이에 있는 동물을 꼼꼼히 관찰해 보세요. 어쩌면 우리가 깜짝 놀랄 비밀을 감추고 있을지도 모릅니다.

친환경 건축
자연환경을 보전하기 위한 건축. 에너지를 자체 생산하는 액티브 하우스에서부터 에너지 소모를 줄이는 데 주력한 패시브 하우스까지 다양한 형태의 건축 방법이 제시되고 있다.

지금까지 아무도 몰랐던 80가지 동물·식물의 엄청난 능력

새

　조류, 즉 새는 파충류에서 진화된 것으로 앞다리는 날개로 바뀌어 하늘을 자유롭게 날 수 있고, 뒷다리는 그대로 남아 걷고 헤엄칠 수 있습니다. 입은 부리로 변해 손을 대신하는 구실을 하며, 온몸이 깃털로 덮여 있습니다. 뼛속은 공기를 채워 가볍게 되어 있고, 폐에 이어지는 공기주머니가 있습니다. 그래서 하늘을 쉽게 날 수 있습니다. 새는 특히 눈이 발달해 있으며, 새끼는 알에서 태어납니다.

[지금까지 아무도 몰랐던 80가지 동물·식물의 엄청난 능력 - 새]

올빼미의 깃털과 선풍기

선풍기fan는 집집마다 한 대 이상씩 가지고 있을 만큼 흔한 여름철 필수품입니다. 이리저리 옮기기도 쉽고, 자리도 별로 차지하지 않으며, 특히 전기 소모가 적어 큰 사랑을 받고 있지요.

선풍기는 작은 전동기의 축에 날개를 달아, 그 날개를 회전시켜 바람을 일으키게 되어 있습니다. 그런데 처음 만들어졌을 때는 덜덜덜 꽤나 시끄러운 소리가 났습니다. 바람wind의 세기가 강할수록 더욱 시끄러웠지요. 시원해서 좋기는 하지만 여간 귀에 거슬리지 않았습니다. 이 단점을 해결하는 아이디어idea를 제공한 동물이 있다고 합니다. 누구일까요?

올빼미와 부엉이는 모두 올빼밋과에 속하며 영어 이름도 똑같이 owl입니다. 생김새로 둘을 구별할 수 있는 가장 큰 특징特徵은 머리 위에 삐죽 솟아 있는 '귀깃' 입니다. 부엉이는 귀깃이 있지만 올빼미는 없거든요.

> **전동기**
> 전기 에너지로 회전력을 얻는 기계. 전기 모터

부엉이

울음소리도 '부엉부엉' 우는 부엉이에 비해 올빼미는 '우후후후후' 하고 어린아이가 우는 소리를 냅니다.

이렇게 약간의 차이는 있지만 올빼미와 부엉이는 둘 다 올빼밋과에 속합니다. 넓게 보면 둘 다 올빼미인 셈이지요.

올빼미

올빼미는 정말 귀깃이 없구나!

올빼미는 편평한 원반 모양의 얼굴face에 앞으로 모아진 큰 눈을 가지고 있습니다. 날카로운 부리와 발톱으로 같은 조류鳥類는 물론 포유류, 양서류, 파충류, 곤충류 등 다양한 먹이를 잡아먹지요. 먹이는 통째로 삼키는데, 소화되지 않은 뼈와 털은 덩어리 모양으로 만들어 토해 냅니다.

그런데 독수리나 매와 달리 올빼미는 날아다녀도 거의 소리가 나지 않습니다. 게다가 야행성 동물답게 밤눈도 매우 밝아, 어두운 밤night에 사냥하기에는 안성맞춤이지요.

선풍기의 시끄러운 소리를 고치는 데 바로 올빼미가 소리를 내지 않고 날 수 있는 원리를 응용했다고 합니다.

올빼미의 깃털feather은 비단처럼 부드럽기 때문에 깃털끼리 맞닿아도 소리가 나지 않습니다. 또한 몸무게에 비해 큼직한 날개도 소음noise을 내지 않는 데 도움을 줍니다. 그리고 다른 새들과 달리 올빼미의 날개 앞쪽 가장자리는 빗살처럼 사이가 뜨고, 뒤쪽 가장자리는 가느다란 깃털이 줄지어 있습니다. 이 때문에 날개에 닿는 공기의 흐름이 가지런해서 소리를 내는 소용돌이 발생發生이 억제되고, 그에 따라 소리도 감소됩니다.

선풍기도 날개의 면적面積이 큰 것을 여러 장 사용하고 커브를 매끄럽게 처리함으로써 거의 소리가 나지 않게 만들었다고 합니다.

야행성 동물
주로 야간에 활동을 하는 동물로 큰 눈과 예민한 후각, 발광 기관 등을 가진 것이 특징이다. 박쥐, 이리, 부엉이, 올빼미 등이 대표적인 야행성 동물이다.

[지금까지 아무도 몰랐던 80가지 동물·식물의 엄청난 능력 - 새]

벌새를 베낀 스파이 비행기

북극에 가까운 알래스카에서부터 남아메리카의 아르헨티나에 이르기까지 북·남아메리카 전 지역에서 볼 수 있는 벌새는 작은 것은 길이가 5㎝, 몸무게가 약 2g에 지나지 않습니다. 새bird 중에서 가장 작은 새라고 할 수 있지요.

워낙 크기가 작다 보니 벌새는 다른 동물動物, 특히 다른 새들과 다른 점이 많답니다. 우선, 날갯짓을 초당 15~80번이나 합니다. 거의 곤충의 날갯짓 수준이지요. 날개 근육의 단위 무게당 강도強度가 모든 척추동물 중 가장 센 것은 바로 그 때문일 것입니다.

이렇게 날갯짓을 많이 하다 보니 붕붕거리는 소리가 날 수밖에 없고, 그 때문에 영어 이름이 hummingbird, 즉 '붕붕거리는 새'가 되었지요.

벌새는 새 중에서 유일하게 바람의 영향을 받지 않으며, 다른 새의 날개와는 달리 어깨 관절關節에서만 몸과 연결되어 있습니다. 이런 날개 구조로 인해 앞으로는 물론 위, 아래, 옆, 뒤로도 날 수 있으며, 정지 비행도 할 수 있습니다. 독특한 날갯짓으로 양력揚力과 추진력을 적절히 제어하며

정지 비행
공중에 정지한 채 떠 있는 것. 항공기나 조류가 정지 비행을 하기는 쉽지 않다.

비행하니까요.

이 때문에 벌새는 새로운 비행체飛行體를 개발하려는 항공 물리학자들의 연구 대상이 되어 왔습니다.

그 결과 미국의 에어로바이런먼트 사가 무게 19g, 날개 길이 16㎝에 불과한 벌새 로봇(Nano Hummingbird)를 개발하는 데 성공했습니다. 이를테면 군사용 스파이 비행기이지요.

무선無線으로 조종되는 '벌새 로봇'은 전후좌우前後左右로 자유롭게 날고 정지 비행도 합니다. 또한 카메라camera가 붙어 있어 사진도 찍어 보냅니다. 특히 하늘을 나는 모습이 실제 벌새와 매우 비슷해서 적에게 발각되지 않고 적진 깊숙이 숨어 들어갈 수 있다고 합니다. 벌새의 덕을 톡톡히 보는 셈이지요.

곤충 같은 육식을 좋아하는 다른 새하고는 달리 꿀honey을 가장 잘 먹어 '꿀새'라고도 불리는 벌새는 곤충에 가까운 새라고 할 수 있습니다. 곤충처럼 꽃의 수분을 도와주고, 자외선을 감지하는 능력도 있으니까요.

벌새는 '작은 고추가 더 맵다'는 말이 꼭 어울리는 새입니다.

수분
암술에 수술의 가루를 발라 주는 것. 이로써 열매가 맺히게 된다. 가루받이, 꽃가루받이라고도 한다.

[지금까지 아무도 몰랐던 80가지 동물·식물의 엄청난 능력 - 새]

사다새를 닮은 초음속 비행기

기다란 부리와 커다란 볼주머니가 두드러진 특징인 사다새는 흔히 '펠리컨pelican'이라고 불립니다. 사다새는 날개를 편 길이가 2.5m에 이르는 것도 있을 만큼 날개가 넓고 크며, 다리는 짧지만 발이 크고 물갈퀴가 있습니다. 그래서인지 날기도 잘하고 헤엄도 아주 잘 친답니다. 그야말로 공수空水 양용인 셈이지요.

사다새는 긴 부리와 그 아래에 붙어 있는, 마음대로 늘였다 줄였다 할 수 있는 볼주머니를 그물net처럼 사용하여 물고기를 잡는데, 물은 버리고 물고기만 삼킵니다. 호수나 늪의 깊은 곳에 혼자 가만히 숨어 기다리다가 물고기를 잡기도 하고, 여럿이 모여 줄을 서거나 반원半圓을 만들어 날개를 퍼덕이면서 작은 물고기를 얕은 곳으로 몰아, 물고기 떼를 에워싸듯이 늘어서서 넓은 볼주머니로 떠올려 잡기도 한답니다. 커다란 그물로 물고기를 잡는 셈이지요.

공기 중에서 음속音速, 즉 소리의 전파 속도는 시속 1,224km로 이를 마하Mach 1이라고 합니다.

초음속超音速이란 마하 1보다 빠른 속도를 말하지요.

마하
속도의 단위. 비행기, 로켓 등의 속도를 잴 때 쓰며, 음속에 대한 운동 물체의 비로 나타낸다. 기호는 M

영국과 프랑스가 공동 제작한 콩코드(Concorde)는 속도가 마하 2.7, 즉 약 3,240km로 제트 여객기보다 3배나 빠른 세계 최초最初의 초음속 여객기입니다. 그런데 이 콩코드는 다름 아닌 사다새를 모방하여 제작한 비행기랍니다.

공기의 저항을 작게 하기 위해 앞은 사다새의 부리와 같이 뾰족하게 만들고, 날개는 좁고 긴 세모꼴(델타 날개)로 만들었지요.

그러나 이런 세모꼴triangle 날개는 뜨고 내릴 때 비행기의 속도를 줄이는 데 알맞지 않았어요. 그래서 뜨고 내릴 때 날개를 앞으로 구부려 일반

델타 날개
초음속 항공기의 세모꼴 날개. 모양이 그리스 문자 델타(Δ)와 비슷하여 붙은 이름이다.

초음속 비행기 콩코드

비행기와 같게 만들었습니다.

콩코드는 전 세계世界 사람들의 뜨거운 관심 속에 1976년부터 영국 런던과 프랑스 파리에서 미국 뉴욕과 워싱턴 사이를 비행하기 시작했습니다. 그러나 소음이 너무 심할 뿐만 아니라 배기가스에 의한 대기 오염, 지나친 연료fuel 소비, 지나치게 비싼 항공료 등 여러 가지 문제점問題點이 드러나 2003년 11월 26일 이후로 비행을 중단했습니다.

하지만 콩코드의 문제점, 특히 소음 문제와 대기 오염 문제를 해결하기 위한 노력努力이 계속되고 있으므로 언젠가 조용히 하늘을 나는 콩코드를 보게 될지도 모르겠습니다.

:: 미국의 나라새가 될 뻔한 칠면조

칠면조

흰머리독수리는 미국의 나라새입니다. 그런데 미국의 나라새를 선정할 때 흰머리독수리와 칠면조를 놓고 논쟁이 벌어졌답니다.

프랭클린(1706~1790)은 정치가이자 과학자·외교관·저술가로 100달러 지폐의 모델이 될 만큼 여러 방면에서 두루 활약한 사람입니다. 제퍼슨과 함께 미국 독립 선언서를 쓰고, 피뢰침을 발명했으며, 미국 도서관 발달에 공헌한 선구자이지요. 이 프랭클린이 흰머리독수리를 미국의 나라새로 정하는 데 끝까지 반대하며 칠면조를 적극 밀었다고 합니다.

흰머리독수리는 죽은 물고기를 사냥하고, 다른 새가 잡은 먹이를 가로채는 등 도덕적으로도 생태학적으로도 품행이 나쁜 새이므로 미국의 나라새로서 품격이 떨어진다는 주장을 펼쳤지요.

이와 달리 칠면조는 순수한 미국인을 상징하는 데 가장 잘 어울리는, 용기와 정의감을 갖춘 새라고 칭찬했답니다.

칠면조는 북아메리카의 초원에 야생하던 새로, 아메리카 대륙이 발견되면서 식용·애완용으로 전 세계로 퍼져 나갔습니다. 머리에서 목까지 피부가 드러나고 뻣뻣한 털이 나 있는데 이 부분이 붉은색이나 파란색으로 변하기 때문에 '칠면조'라는 이름이 붙었지요.

미국 사람들은 추수 감사절 때 칠면조 요리를 즐겨 먹습니다.

[지금까지 아무도 몰랐던 80가지 동물·식물의 엄청난 능력 - 새]

고속 철도에 담긴 물총새의 부리

온실가스
이산화탄소, 메탄 등 지구 온난화를 일으키는 가스를 말한다.

우리나라에서 발생하는 온실가스 가운데 약 86%가 이산화탄소로 그중 약 30%를 교통 기관이 배출하고 있다고 합니다.

고속 철도高速鐵道는 에너지 효율성이 자동차의 2배, 항공기의 4배나 높고, 또한 전기 에너지를 사용하므로 환경 오염 물질을 매우 적게 배출합니다. 그러므로 무공해 교통 기관으로서 더욱더 이용될 것이 틀림없습니다.

우리나라의 고속 철도인 KTX는 2004년부터 경부선과 호남선에 운행되기 시작하였습니다. 최고最高 시속은 300km이지만, 2012년 현재 서울에서 부산까지 약 442km를 2시간 30분 정도에 달리고 있지요. 하지만 머지않아 서울·부산 간을 1시간대에 달리게 될 거라고 합니다.

세계 고속 철도 역사상 최초라고 할 수 있는 일본의 고속 철도 신칸센은 한 시간에 300km 이상을 달려 '총알 열차(bullet train)'라고도 불렸습니다. 당시로서는 기적miracle에 가까운 속도였지요. 그런데 한 가지 골치 아픈 문제가 있었어요. 터널을 드나들 때마다 귀가 먹먹할 정도로 시끄러운 소리를 냈거든요. 기압의 변화 때문이었지요. 이 문제를 해결하기 위해 애를 쓰던 신칸센 기술자들은 자연自然에서 그 답을 찾아보기로 했습니다.

파랑새목 물총샛과에 속하는 물총새는 17㎝ 안팎으로 참새sparrow보다 조금 큰데 수컷이 암컷에게 물고기를 선물해서 부부가 되며, 물가의 흙 벼랑에 구멍을 파 둥지를 만들고 알을 낳습니다. 그런데 새끼에게 물고기를 먹이기 위해 하루에 약 50마리의 물고기를 사냥합니다. '물총새'란 이름은 물속의 먹이를 낚아챈 뒤 물water을 주욱 쏘아 뱉는 모습이 물총 같다고 해서 생겨났다고 해요.

물총새가 부리를 내린 채 물속으로 다이빙할 때와, 엄청난 속도speed로 달리던 신칸센 열차가 터널 속으로 들어갈 때의 상황狀況은 비슷했습니다. 양쪽 다 압력의 변화가 클 것이 틀림없는데, 신칸센 열차는 엄청난 소음을 일으키는 데 비해 물총새는 잔물결만 일으킬 뿐 물 한 방울 튀기지 않고 조용했어요.

기술자들은 신칸센 열차 기관차의 앞면을 물총새의 부리 모양으로 바꾸어 보았습니다. 그러자 그렇게 시끄럽던 소음이 많이 줄어들고, 속도가 더 빨라지면서 에너지 손실損失도 많이 줄어들었어요.

우리나라에서도 물총새의 부리 모양을 KTX에 적용하려는 시도를 하고 있다고 합니다.

[지금까지 아무도 몰랐던 80가지 동물·식물의 엄청난 능력 – 새]

흰머리독수리의 슬기로움과 비행기

흰머리독수리는 미국 본토, 알래스카, 캐나다 등 북아메리카에 사는 유일한 독수리로 미국의 나라새이자 상징입니다. 원주민인 아메리칸 인디언들은 이 새를 신성한 동물로 숭배하고, 이 새의 깃털을 머리에 꽂았습니다.

흰머리독수리는 71~96㎝의 키에 날개wing 길이가 168~244㎝에 이를 만큼 덩치가 크며, 몸무게도 3~6kg이나 됩니다. 그런데 수컷보다 암컷이 1/4쯤 더 덩치가 크답니다. 어릴 때는 몸빛이 온통 갈색인데, 자라면서 머리와 꼬리가 하얗게 변하지요. 흰머리독수리의 영어 이름 bald eagle은 바로 머리가 흰 데서 생겨난 이름이지요. bald를 '대머리'로 풀이하여 '대머리독수리'라고도 하는데, 흰머리독수리가 더 적절한 이름입니다. bald에는 '머리가 흰'이란 뜻도 있답니다.

흰머리독수리는 주로 물고기를 먹고 사는데 높은 공중에서 기회機會를 엿보다 위에서부터 와락 덮치면서 발톱으로 물고기를 움켜쥐고 물 밖으로 건져 냅니다. 이들은 물고기가 있는 곳을 알기 위해 물의 흐름을 따라다니며, 물수리가 잡은 물고기를 빼앗아 먹거나 죽은 고기를 먹습니다.

흰머리독수리는 역사상 최초의 동력動力 비행기airplane인 플라이어호를

물수리
수릿과의 새. 몸길이는 51~58㎝이며, 등은 어두운 갈색이고 머리와 배는 흰색이다. 강, 호수 등지에서 물고기를 잡아먹고 산다.

만드는 데 공헌한 고마운 새입니다.

　미국 오하이오 주에서 자전거 가게를 운영하던 라이트 형제兄弟는 독일의 릴리엔탈이 글라이더 시험 중 죽었다는 뉴스news를 듣고 본격적으로 비행 기계 연구를 시작하였습니다. 안 그래도 형제는 어려서부터 하늘을 나는 기계를 만들어 보고 싶다는 꿈dream을 키워 왔었거든요. 그들이 꿈을 실현하는 데 큰 도움을 준 것이 바로 흰머리독수리입니다. 미국의 하늘을 나는 새 중에서 가장 덩치가 크고 비행 능력이 뛰어나니까요.

　이들 형제는 흰머리독수리의 비행과 릴리엔탈의 글라이더 시험을 비교하면서 중요한 사실을 발견했습니다. 비행기의 중심을 바꾸기 위해 조종사pilot의 몸을 움직이는 것으로는 균형을 잡고 비행기의 측면側面을 제어하는 것이 불가능하다는 것이었지요. 해결해야 할 문제는 크게 2가지였어요. 균형과 제어의 문제, 그리고 엔진engine의 문제였습니다. 그들은 끈질긴 관찰과 연구, 1,000번도 넘는 시험 비행을 거친 끝에 1903년 12월 노스캐롤라이나 주 키티호크에서 역사상 최초로 동력 비행기를 조종하여 지속적인 비행에 성공하였습니다.

　활공하기 좋게 설계한 날개, 날개의 앞부분을 상하上下로 움직일 수 있는 승강키, 그리고 비행기가 좌우左右로 움직일 수 있도록 수직 테일핀을 단 방향키 등을 갖춤으로써 마음대로 하늘을 날 수 있었던 것입니다.

테일핀
비행기의 수직 안정판

[지금까지 아무도 몰랐던 80가지 동물·식물의 엄청난 능력 – 새]

수호 천사, 카나리아와 토끼

생김새와 울음소리가 아름다워 집에서 많이 기르는 카나리아canary의 고향故鄕은 아프리카 서북부 부근 대서양에 자리한 카나리아 제도입니다. '카나리아'란 이름은 바로 고향 이름에서 온 것이지요.

카나리아는 본디 짙은 녹색의 볼품없는 새인데 15세기 말에 유럽으로 전해져 지금처럼 모습과 울음소리가 아름다운 새로 개량되었답니다. 생김새는 종달새와 비슷하지만, 깃털 빛깔color이 빨강·노랑·하양 등 다양하고 아름답지요. 지금은 전 세계 어디에서나 애완용 새로 가장 많이 키우고 있습니다.

19세기 미국과 유럽의 광부들은 갱에 들어갈 때 카나리아가 든 새장을 들고 들어갔습니다. 카나리아는 유난히 공기air에 민감해서, 혹시 갱 안에 유독 가스가 차서 산소가 부족해지면 노래를 멈추고 횃대에서 떨어지거나 비틀거렸거든요. 유독 가스는 색깔도 없고 냄새도 별로 나지 않아 광부들은 잘 눈치채지 못하는데 카나리아는 금방 알아챘지요.

이렇게 카나리아가 이상한 행동을 보이면 광부들은 재빨리 갱 밖으로 나와 목숨life을 건졌답니다.

갱
광물을 파내기 위해 땅 속에 뚫어 놓은 길. 갱에 들어가는 광부들은 유독 가스를 마실 위험이 많다.

우리는 착한 수호 천사랍니다.

　지금이야 성능이 뛰어난 유독 가스 감지기가 있어 갱 안에 카나리아를 데리고 들어갈 필요가 없지만, 카나리아는 예전에 광부들의 목숨을 구해 주는 수호 천사angel였던 셈입니다.

　토끼rabbit 역시 사람의 목숨을 구해 주는 수호 천사였습니다. 토끼는 유난히 귀가 길고 꼬리가 짧습니다. 또한 뒷다리가 앞다리보다 발달하여 깡충깡충 잘 뛰어다닙니다. 입에는 긴 수염이 있고 윗입술은 세로로 찢어져 있습니다. 풀grass을 먹으며 번식력이 강하고 비교적 튼튼해 기르기가 쉽지요.

　토끼는 보드라운 털과 고기를 사람에게 제공하는 고마운 동물動物이기도 한데, 사람의 목숨은 또 어떻게 구했을까요?

　물속으로 잠복하여 적을 공격하는 전투 함정인 잠수함submarine의 내부는 산소가 부족해지기 쉽습니다. 그러므로 계속해서 산소를 확인해야 합니다. 지금은 첨단 계기計器로 확인하지만 예전에는 토끼를 잠수함에 태웠답니다. 토끼도 카나리아처럼 공기에 민감해서 산소가 부족해지면 안절부절못하며 이상한 행동을 보이거든요. 토끼가 이상한 행동을 보이면 잠수함은 서둘러 물 위로 떠올라 다시 산소를 공급받았답니다.

　혹시 토끼의 몸에 이상이 생겨 산소 부족을 잘 느끼지 못한다면 잠수함에 탄 군인軍人들에게 무슨 일이 일어나겠어요?

　카나리아와 토끼, 이 둘은 참으로 고마운 수호 천사들이었습니다.

계기
길이, 면적, 무게, 양, 온도, 시간, 강도 등을 재는 각종 기구를 통틀어 이른다.

[지금까지 아무도 몰랐던 80가지 동물·식물의 엄청난 능력 – 새]

오리가 오리발을 내밀어?

흔히 오리duck라고 불리는 집오리는 야생 청둥오리를 중국에서 길들여 가축으로 기르기 시작한 것으로, 우리나라에서도 신라와 고려에서 오리를 길렀다는 기록記錄이 있습니다.

오리는 부리가 납작하고 양쪽 가장자리는 빗살 모양입니다. 날개가 있지만 닭chicken이나 타조ostrich와 마찬가지로 잘 날지 못하지요. 그런데 달리기 선수인 타조나 비교적 잘 걷는 닭에 비해 오리의 걸음걸이는 불완전합니다. 뒤뚱뒤뚱 약간 어설프게 걷잖아요. 다리가 짧고, 발가락 사이에 살가죽이 붙어 있기 때문이지요. 하지만 바로 이 물갈퀴 덕분에 오리는 몸이 물에 뜨고 물속에서 헤엄을 칠 수 있답니다. 또한 꽁지의 기름샘에서 분비되는 기름oil을 부리로 찍어서 깃털에 바르기 때문에 깃털이 물에 젖지 않고요.

기름샘
오리, 두루미, 기러기 등 물새의 꽁지 위쪽에 있는, 기름을 분비하는 샘. 이 기름을 깃에 바르면 깃이 물에 젖지 않는다.

닭과 달리 물속에서 유유히 헤엄치는 오리를 유심히 관찰한 15세기 천재 화가 레오나르도 다빈치는 손과 발에 끼는 오리발 비슷하게 생긴 스케치를 남겼습니다. 오늘날의 오리발을 그 옛날에 생각해 냈던 것입니다.

18세기 미국의 정치가이자 과학자科學者인 프랭클린은 어린 시절에 한 쌍의 오리발을 만들어 직접 발에 끼고 헤엄을 쳐 보았지요. 그림물감을 개는 팔레트palette처럼 생긴 두 개의 얇은 나뭇조각이었지만, 평소보다 훨씬 더 빨리 헤엄을 칠 수 있었답니다.

[오리발]

요즈음은 플라스틱plastic이나 고무로 만든 오리발이 여러 곳에서 널리 쓰이고 있습니다. 잠수부, 해녀, 스킨 다이버 등의 필수품이지요. 수영 연습을 할 때도 쓰이고요.

물속에서 사람의 발이 물을 밀어내며 나아갈 수 있는 힘은 매우 약합니다. 특히 해녀나 잠수부처럼 무거운 장비裝備를 짊어질 경우 장비를 짊어지지 않았을 때보다 항력이 훨씬 더 커지므로 물을 효과적으로 통과하기 어렵지요. 그러나 오리발을 끼면 발을 차는 횟수를 줄일 수 있고, 그만큼 에너지energy가 절약되므로 물속에서 오래 견딜 수 있고 또 더 빨리 움직일 수 있답니다.

물속 깊이 들어가고 싶어 하는 사람들의 꿈dream을 실현할 수 있도록 도와준 오리에게 고마운 마음을 전해야겠네요.

[지금까지 아무도 몰랐던 80가지 동물·식물의 엄청난 능력 – 새]

헬멧의 원조는 딱따구리

"딱, 따르르르르……"

딱따구리가 부리로 나무tree를 쪼아 대는 소리입니다.

딱따구리는 1초에 15번 가량 나무를 쪼는데 이때 딱따구리의 머리head가 움직이는 속도는 총알보다 두 배나 빠르다고 합니다.

이렇게 열심히 쪼아 대도 뇌brain가 무사할까요? 사람 같으면 어지러워서 쓰러지기 십상일 텐데 말예요.

딱따구리의 신체身體는 충격을 잘 흡수하는 구조로 되어 있습니다.

딱따구리는 뇌와 바깥쪽에 있는 질긴 뇌막 사이의 간격이 매우 좁아 그곳에 들어 있는 액체liquid의 양이 다른 새들보다 적습니다. 따라서 충격이나 진동으로 인한 액체의 충격파가 다른 새들에 비해 적지요. 그리고 단단하면서도 탄력성이 좋은 뼈bone가 뇌를 싸고 있어서 뇌가 흔들리는 것을 막아 줍니다. 또한 두개골과 부리 사이의 뼈를 연결하는 탄력성 있는 근육 조직도 충격을 막아 줍니다. 머리와 귀 뒤쪽을 덮고 있는 커다란 근육 역시 같은 역할을 하고요. 이러한 근육들은 혀tongue의 운동을 조절하는 외에 머리의 '쿠션' 역할을 하면서 머리의 회전回轉을 막는 충격 완화 역할

충격파
기체나 액체에 급격한 압력이 가해졌을 때, 음속 이상의 속도로 전달되는 기체나 액체의 강력한 압력 변화

딱, 따르르르…

을 하는 것입니다.

　간단히 말해 딱따구리는 성능이 뛰어난 헬멧helmet을 쓰고 있어, 그처럼 열심히 나무를 쪼아 대도 멀쩡한 것이지요.

　사람이 머리를 보호하기 위해 쓰는 헬멧을 만들 때 딱따구리의 이러한 구조構造를 모방한다면 큰 도움을 받을 것이 틀림없습니다.

　그런데 딱따구리는 왜 이렇게 열심히 나무를 쪼아 댈까요?

　가장 큰 이유理由는 먹이를 찾기 위해서입니다. 딱따구리는 나무줄기에 수직으로 붙어서 나선형으로 올라가면서 먹이를 찾는데, 꼬리깃으로 몸을 지탱하고 앞뒤 2개씩 달린 발톱을 나무껍질에 걸어 몸이 좌우左右로 흔들리는 것을 막습니다.

　드디어 나무껍질 속에 있는 먹잇감을 찾으면 단단하고 끝이 뾰족한 부리로 나무줄기를 쪼아 구멍hole을 뚫습니다. 그리고 가시가 달린 가늘고 긴 혀를 구멍 속에 넣어 혀끝으로 곤충의 애벌레 따위를 끌어내서 먹는답니다.

그런데 딱따구리가 구멍을 판 나무는 무사할까요?

나무는 딱따구리가 벌레를 파 먹기 위해 판 구멍을 스스로 메웁니다. 자기 몸을 갉아 먹는 해충害蟲을 없애 준 딱따구리에게 고마워할 뿐, 딱따구리를 원망하지 않지요. 그리고 보면 딱따구리와 나무는 서로 도움help을 주고받는 사이인 셈입니다.

딱따구리가 나무에 구멍을 뚫는 두 번째 이유는 둥지nest를 만들기 위해서입니다. 알을 낳아 새끼를 키우려면 둥지가 필요하잖아요. 둥지는 암컷과 수컷이 번갈아 가면서 나무줄기를 쪼아 구멍을 만듭니다. 그리고 구멍 바닥에 암컷이 2~8개의 알을 낳고, 암컷과 수컷이 교대交代로 품어 준답니다. 그러면 11~18일 만에 알 속에서 새끼가 나오지요.

딱따구리가 탁목조(啄木鳥), 즉 '나무를 쪼는 새'라는 뜻의 한자 이름을 갖게 된 것은 이렇게 나무를 쪼아 대기 때문이랍니다. 딱따구리의 영어 이름 woodpecker도 '나무를 쪼는 이'란 뜻입니다.

딱따구리는 오스트레일리아 · 뉴질랜드 · 뉴기니 · 남태평양 제도 및 북극과 남극을 제외한 전 세계에 120종이 살고 있습니다.

크낙새는 세계世界에서 유일하게 우리나라에만 있는 딱따구리의 한 종류로 천연기념물 제197호입니다.

크낙새
딱따구릿과의 새. 몸길이는 46㎝ 정도이다. 몸은 검은데 배, 허리, 날개깃 끝이 흰색이며, 수컷은 머리 꼭대기가 진한 붉은색이다. 멸종 위기에 처해 있다.

지금까지 아무도 몰랐던 80가지 동물·식물의 엄청난 능력

수생 동물·파충류

    어류, 즉 물고기는 몸이 거의 유선형이며 비늘로 덮여 있습니다. 지느러미와 부레가 있어 물속을 헤엄쳐 다니고 아가미로 호흡합니다. 패류는 조가비를 가진 연체동물을 통틀어 이르며, 크게 쌍패류와 권패류로 나뉩니다. 이 밖에도 수생 동물에는 거머리, 물벼룩, 오징어, 문어, 불가사리, 개구리 등이 있습니다.
    파충류의 피부는 표피가 변화한 비늘로 덮여 있으며, 대개 꼬리가 길고 네 다리는 짧으나 뱀의 경우는 다리가 퇴화하였습니다. 폐 호흡을 하고 변온 동물이며 난생 또는 난태생입니다.

[지금까지 아무도 몰랐던 80가지 동물·식물의 엄청난 능력 – 수생 동물·파충류]

느림보 거북과 이순신 장군의 거북선

전설상의 거북
거북은 건강과 장수를 상징하는 동물로, 봉황·용 등과 함께 상서로운 동물로 여겨지며 예부터 전설, 신화 속에 자주 등장했다.

느림보 하면 가장 먼저 떠오르는 거북turtle.

거북은 몸이 타원형으로 납작하며, 입은 턱의 일부가 단단하게 변하여 부리가 되었으며 이빨이 없습니다. 성격이 순하고 행동行動이 매우 느려 다른 동물의 공격을 받기 쉬운데, 몸이 등딱지와 배딱지로 덮여 있어, 재빨리 네 다리와 머리head 그리고 꼬리를 완전히 딱지 속으로 감춰 스스로를 보호한답니다.

바다거북류를 제외한 대부분의 거북이 강, 연못, 늪 등 물에 살면서 육지 생활도 하며, 알은 물가의 모래땅에 구멍hole을 파고 낳습니다.

거북은 2억 3천만 년 전부터 살아 왔습니다. 파충류 중에서 가장 오래된 동물動物이지요. 특히 거북은 아주 오래 사는 것으로도 유명합니다. 200~300년 이상 사는 것도 있을 정도랍니다.

임진왜란이 일어나기 1년 전인 1591년에 전라도 해안을 지키는 수군水軍의 책임자로 임명

위험할 땐 딱지 안으로 쏙~

된 이순신 장군은, 왜군이 곧 쳐들어올 것을 알고 전쟁war에 쓰일 배를 만들고 군사들의 훈련을 강화하였습니다. 특히 배 만드는 기술이 뛰어난 나대용의 도움을 받아 특수 전함인 거북선을 완성하였지요. 왜구의 전술戰術을 면밀히 검토하여 제작한 것입니다.

그 무렵의 왜구는 배ship를 접근시켜 상대의 배에 기어오른 후 칼을 휘둘러 배를 점령하는 전술을 썼습니다. 이에 비해 화약과 화포가 발달한 조선 수군은 적과 어느 정도 거리를 두고 화포를 쏘아 적의 배를 불태우는 전술을 썼어요. 그러므로 효과적으로 왜군을 무찌르기 위해서는 적이 배

나대용
조선 중기의 무신. 이순신 장군 밑에서 거북선 건조의 책임을 맡았고, 임진왜란 때 옥포, 당포 등 여러 해전에서 공을 세웠다.

에 기어오르는 것을 막는 동시에 화포의 명중률을 높일 필요가 있었습니다.

거북선은 이 같은 필요성必要性에 맞게 거북을 모방하여 제작한 일종의 돌격선입니다. 등back에는 창검과 송곳을 꽂아 적이 배에 올라오지 못하게 하였고, 앞머리와 옆구리 등 배의 곳곳에 화포를 쏠 수 있는 구멍을 만들어 놓았지요.

이순신의 조카 이분은 거북선의 전투battle 모습을 생생히 기록해 놓았습니다.

'거적으로 송곳을 덮고 선봉이 되어 나가는데, 적이 배에 올라와 덤비려 들다가는 칼 송곳 끝에 찔려 죽고, 또 적선이 포위하려 하면 좌우 앞뒤에서 일제히 총을 쏘아 적선이 아무리 바다를 덮어 구름같이 모여들어도 이 배는 그 속을 마음대로 드나들어, 가는 곳마다 쓰러지지 않는 자가 없기 때문에 크고 작은 싸움fight에서 항상 승리하였다.'

느림보 거북이가 이렇게 훌륭한 전투함을 만드는 데 큰 도움을 주었던 것입니다.

:: 7년에 걸친 전쟁 속에서 써 내려간 〈난중일기〉

이순신은 전라좌수사가 된 다음 해인 1592년 1월 1일부터 노량 해전에서 전사하기 하루 전인 1598년 11월 17일까지 7년 동안 일기를 썼습니다. 그러나 친필본에는 1592년 5월 1일부터 1598년 10월 7일까지의 일기만 남아 있습니다.

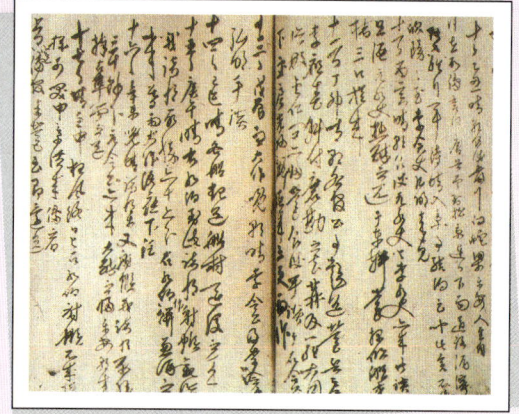

[난중일기]

충남 아산 현충사에 보관되어 있는 이순신의 친필 초고는 국보 제76호로 지정되어 있습니다.

9책으로 이루어진 이순신의 일기는 〈난중일기〉라고 불립니다. '전란 중 진중에서 쓴 일기'라는 뜻이지요. 원래는 일기에 제목이 없었는데 정조 때 이순신이 남긴 글을 모아 〈이충무공전서(李忠武公全書)〉를 편찬하면서 〈난중일기〉란 이름을 붙였다고 해요.

〈난중일기〉에는 조선 수군의 전술 및 전과, 아군의 사기 및 용병술, 둔전 개간 및 각종 무기의 개발과 전함의 건조, 명나라 군사와의 협조 등 조선 수군의 모든 활약상을 비롯하여, 나라와 백성을 걱정하는 마음, 가족, 특히 어머니에 대한 애틋한 사랑이 담겨 있습니다.

〈난중일기〉는 임진왜란 연구의 중요 자료이자, 이순신 장군의 인간적 면모와 문학적 자질이 잘 드러나 있는 간결하고도 진실성 넘치는 걸작 예술품이기도 합니다.

[지금까지 아무도 몰랐던 80가지 동물·식물의 엄청난 능력 – 수생 동물·파충류]

물 위를 걷는 바실리스크도마뱀과 로봇

중앙아메리카의 콜로라도 강river 주변에 사는 '바실리스크도마뱀'은 물 위를 걷는 것으로 유명합니다. 이 바실리스크도마뱀은 꼬리를 포함한 몸 길이가 약 90㎝로 몸빛은 갈색·황갈색·녹색 등이며 곤충·새·과일 등을 먹고 살아요. 암컷은 이구아나iguana를 닮았고, 수컷은 등과 꼬리에 걸쳐 멋진 볏 같은 장식을 단 무서운 모습을 하고 있고요.

암컷은 나를 닮았대요.

이구아나

바실리스크도마뱀은 평소에는 뭍에서 활동하는데 뱀이 나타나면 재빨리 강을 향해 도망칩니다. 그러고는 강물 위를 전속력으로 뛰어가지요.

기적 같은 이 묘기의 비밀secret은 바실리스크도마뱀의 가벼운 몸무게, 뛰어난 순발력, 그리고 뒷다리의 편평한 발가락과 물의 표면 장력에 있습니다. 뒷발로 자신의 몸무게보다 3배나 강력한 힘으로 수면을 내리치면,

표면 장력
액체의 표면이 스스로 수축하여 되도록 작은 면적을 가지려고 하는 힘

이때 수면에 닿는 발바닥이 밀어낸 물은 공기 방울을 만들어 바실리스크도마뱀이 물에 빠지지 않도록 받쳐 주지요. 그리고 그 발로 수영水泳을 하듯 물을 뒤로 밀어 몸을 앞으로 나아가게 하는 것입니다.

그 밖에도 물 위를 달리며 중심重心을 잃지 않기 위해서 수면을 내리칠 때 몸의 무게 중심을 순간적으로 수면에 닿는 발 쪽으로 이동시키고, 수면을 바깥으로 밀듯 내리쳐 반발력을 받아 몸을 반대反對 방향으로 이동시킨다고 합니다.

그야말로 바실리스크도마뱀의 놀라운 힘과 반응 속도의 조화가 물 위를 달릴 수 있도록 해 주는 것이지요.

미국 카네기멜론 대학에서는 이 놀라운 바실리스크도마뱀의 묘기妙技를 모방하여 수륙 양용 로봇인 워터러너(waterrunner)를 개발했습니다. 물을 뜻하는 워터(water)와 달리기 선수를 뜻하는 러너(runner)를 합친 이름으로도 잘 알 수 있듯이, 이 로봇은 초당 0.8m의 속도로 물 위를 걷는답니다.

이 로봇은 홍수가 났을 때 조난자를 찾거나, 생화학 감지기를 갖추고 수질을 조사할 수 있으며, 소형 카메라camera를 설치해 해안선 안전지대 혹은 항구를 감시하는 데 이용할 수 있을 거라고 합니다.

[지금까지 아무도 몰랐던 80가지 동물·식물의 엄청난 능력 – 수생 동물·파충류]

전복 껍데기와 탱크의 거죽

얕은 바다의 바위rock에 붙어 사는 전복은 미역이나 김 같은 해조류를 먹고 살며 10㎝ 정도까지 자라는 비교적 큰 조개입니다. 모양이 귀처럼 생겨 영어 이름이 ear shell, 즉 '귀조개'랍니다.

예부터 전복의 속살은 고급高級 식품으로 대접받았습니다. 회로 먹고, 죽을 끓여 먹고, 말려서 포로 먹거나 통조림을 만들어 먹기도 하는데, 특히 전복죽은 환자나 노인, 수험생에게 좋은 보양식으로서 인기가 많지요. 맛이 좋을 뿐만 아니라 영양분도 듬뿍 들어 있고 소화도 아주 잘되거든요.

전복 껍데기의 안쪽은 진줏빛 광택이 나고 더러는 무지개rainbow 빛깔의 녹색과 푸른색을 띠기도 합니다. 워낙 빛깔이 아름다워 잘게 썰어 자개로 만들어 나전 칠기에 사용하는 등 공예품의 재료材料로 많이 쓰이지요.

전복은 그야말로 속살은 식용食用으로, 껍데기는 공예품의 재료나 비눗갑으로 쓰이는, 버릴 것이 하나도 없는 조개입니다.

나전 칠기
광채가 나는 자개 조각을 여러 가지 무늬로 박아 넣거나 붙인 우리나라의 특산품. 경상남도 통영에서 나는 것이 유명함.

[나전 칠기 상자]

어쩜, 너무 예쁘다~

그런데 전투에 사용되는 탱크tank의 거죽, 가벼우면서도 총알을 쉽게 막아 내는 방탄복을 만드는 데 전복 껍데기가 큰 힌트hint를 주었대요.

전복 껍데기는 발로 힘껏 밟아도 부서지지 않을 만큼 튼튼합니다. '무쇠'도 전복 껍데기에 비하면 새발의 피이지요. 사실 전복 껍데기의 성분은 손hand으로도 쉽게 부서지는 분필과 똑같은 탄산칼슘인데 말예요.

전복 껍데기가 그토록 튼튼한 까닭reason은 무엇일까요?

전복 껍데기는 지름 10나노미터, 두께 0.5나노미터 크기의 수천 개의 탄산칼슘 타일tile이 겹겹이 쌓여 있는 사이사이에 천연 생물 고분자 물질이 끼여 있는 구조로 되어 있습니다. 그러므로 탄산칼슘 층에 균열crack이 생기면 이 균열을 부드러운 천연 생물 고분자 층이 막아 줌으로써 균열이 쉽사리 다음 탄산칼슘 층으로 전파되지 않아 잘 부서지지 않습니다. 그야말로 재료가 아닌 구조 덕분에 무쇠보다도 튼튼해진 것입니다.

무엇보다도 튼튼해야 할 탱크의 거죽, 총알을 막아 내는 방탄복을 만드는 데 이 같은 전복 껍데기의 구조를 모방한 것은 당연하겠지요. 물론 전복의 놀라운 특성特性을 발견할 만한 관찰력과 실험 정신이 있어야 하겠지만요.

재료가 아니라 구조에 따라 강도强度가 엄청나게 달라진다니, 사람 주먹만 한 전복이 이 놀라운 원리를 어떻게 생각해 냈을까요?

[지금까지 아무도 몰랐던 80가지 동물·식물의 엄청난 능력 – 수생 동물·파충류]

바이오닉카를 탄생시킨 거북복

생김새가 상자를 닮아서 영어로 boxfish, 즉 상자 고기라고 불리는 거북복은 거북복과의 바닷물고기로 몸의 대부분이 거북의 등딱지 같은 단단한 껍질로 덮여 있습니다. 우리나라 이름 '거북복'은 바로 그 때문에 붙은 것이지요.

몸빛은 노란색yellow으로 각 비늘판에는 눈동자 크기의 흰색 반점이 있으며, 적갈색 또는 청록색의 작은 점이 흩어져 있습니다. 머리가 작고 주둥이는 돌출되어 있으며, 입mouth은 주둥이 밑에 있고 입술은 두꺼워요. 몸길이는 40cm 정도입니다.

사실 다른 물고기fish들에 비해 조금 우스꽝스러운 모습이지요.

그런데 놀랍게도 독일의 메르세데스 벤츠 사의 기술자들이 이 우스꽝스러운 거북복의 모양을 베낀 바이오닉카, 즉 생체 공학적 자동차를 2005년에 선보였습니다.

이 차의 공기 저항 계수는 0.04인 물방울보다 약간 높은 0.06으로, 기존의 최저最低 기록인 0.25의 혼다 인사이트보다 40배 정도나 낮았습니다. 따라서 이 귀여운 모양의 자동차는 같은 급 자동차에 비해 연료 소비가 20% 이상 적고, 그러면서도 최고最高 시속이 190km나 되었지요.

메르세데스 벤츠 사의 기술자들이 날씬한 유선형이 아닌 상자 모양의 거북복을 베낀 까닭은 무엇일까요?

상자 모양이라 헤엄치기가 훨씬 어려울 거라는 생물학자들의 예상豫想과 달리 거북복의 수영 실력은 매우 뛰어났습니다. 산호와 움푹 팬 곳, 암초 사이를 흐르는 소용돌이치는 거친 물결wave 속에서도 거북복은 유유히 수영을 계속할 정도였지요.

단단한 상자 모양의 모서리가 몸의 균형을 잡아 주고, 꼬리가 잘록해 물water의 저항을 적게 받기 때문이었습니다. 그 결과 1초에 자기 몸길이의 6배나 헤엄을 칠 수 있었던 것입니다.

이 놀라운 발견發見에 연구자들은 흥분했습니다. 왜냐하면 이것과 똑같은 현상이 콩코드 여객기, 우주 왕복선과 같은 델타 날개 항공기의 특징이었거든요.

우스꽝스러운 모양의 작은 물고기가 이렇게 놀라운 비밀을 감추고 있다니, 자연nature은 인간이 가르침을 받아야 할 훌륭한 스승입니다.

유선형
기체나 액체의 저항을 최소한으로 줄이기 위해 앞부분을 곡선으로 둥글린 형태. 자동차· 비행기·배 등의 형에 이용된다.

[지금까지 아무도 몰랐던 80가지 동물·식물의 엄청난 능력 – 수생 동물·파충류]

방울뱀의 사냥법과 적외선 측정기

방울뱀 하면 어쩐지 딸랑딸랑 예쁜 소리가 나는 귀여운 뱀일 것 같지 않나요? 방울 소리가 나는 것은 맞지만, 방울뱀은 살무삿과에 속하는 무서운 독사毒蛇랍니다. 방울뱀에게 물리면 생명을 잃을 수도 있지요.

방울뱀은 캐나다에서 남아메리카에 이르는 건조한 지역地域에 사는데 몸길이가 30cm 가량인 꼬마방울뱀을 비롯하여 2.5m나 되는 다이아몬드방울뱀 등 약 30여 종이 있습니다. 몸빛은 대개 회색gray이나 황갈색인데 점·마름모꼴·육각형 등의 무늬가 있어요.

꼬리 끝에는 표피가 변한 방울 모양의 각질이 있습니다. 이 각질은 탈피할 때마다 하나씩 늘어, 각질의 수를 세어 보면 그 방울뱀의 나이age를 알 수 있답니다. 방울뱀은 위급할 때 꼬리를 흔드는데 이때 방울 모양의 각질이 소리를 냅니다. 방울뱀의 영어 이름 rattlesnake도 '짤랑짤랑 소리가 나는 뱀'이란 뜻이지요.

 탈피
파충류나 곤충류 따위가 자라면서 허물이나 껍질을 벗는 것. 허물 벗기

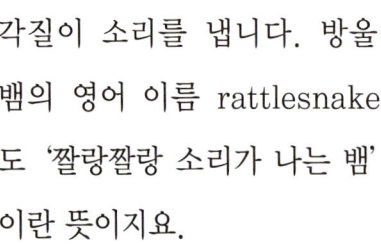
이야, 정말 방울 소리 같아!

방울뱀은 sidewinder란 다른 이름도 갖고 있습니다. 방울뱀이 옆으로 구불구불 기어간 흔적이 사막의 모래에 남은 것을 보고 붙인 이름이지요.

쥐, 토끼, 다람쥐 같은 설치류를 즐겨 잡아먹는 방울뱀의 사냥 방법은 매우 독특합니다. 방울뱀은 시력視力도 나쁘고 청력도 별로 좋지 않습니다. 그럼 어떻게 쥐, 토끼, 다람쥐처럼 재빠른 먹잇감을 잡을까요?

방울뱀의 콧구멍 아래에는 수천 개의 열 수용체가 있는 골레이 세포가 있습니다. 골레이 세포에 적외선이 닿으면 세포가 팽창합니다. 더욱 놀라운 것은 두 개의 구멍 사이의 각도角度로 먹잇감까지의 거리도 감지한답니다. 감지 속도도 매우 빨라서 0.03초 이내에 먹잇감의 존재 여부를 알 수 있답니다. 덕분에 아무리 빠른 쥐나 토끼도 방울뱀의 독니를 벗어나지 못하는 것입니다.

과학자들은 방울뱀의 골레이 세포가 열, 즉 적외선을 받으면 팽창하여 전기電氣를 발생시키는 것과 비슷하게 적외선을 받으면 팽창하는 제논 기체를 사용하여 팽창시 반사판의 각도를 레이저laser로 측정하는 장치인 골레이 셀을 개발했습니다. 최초最初의 적외선 측정 장치였지요.

오늘날 적외선 측정 장치는 건물이나 엘리베이터의 자동문, 출입 감시용 카메라, 가전 제품의 리모컨, 온도계와 습도계, 방범·화재 경보용 등 수많은 곳에서 쓰이고 있습니다. 또한, 미국의 공대공(空對空) 미사일의 이름은 AIM-9 sidewinder입니다. 방울뱀의 적외선 감지 원리를 모방하여 개발한 적외선 추적 미사일이지요.

방울뱀이 첨단 무기武器에까지 아이디어를 제공한 것입니다.

공대공 미사일
비행 중의 항공기에서 발사하여 적 항공기를 격추시키는 데 쓰는 유도 미사일

[지금까지 아무도 몰랐던 80가지 동물·식물의 엄청난 능력 – 수생 동물·파충류]

병 주고 약 주는 거머리

환형동물
지렁이·거머리처럼 몸이 앞뒤로 이어지는 많은 고리마디로 이루어지며, 가늘고 긴 동물

사람이나 동물의 피blood를 빨아 먹는 흡혈 동물에는 모기·빈대·이·진드기 같은 곤충, 포유류인 흡혈 박쥐, 그리고 환형동물인 거머리가 있습니다. 거머리는 남에게 달라붙어서 괴롭게 구는 사람을 비유하여 일컫는 말로도 쓰일 만큼 끈질기게 달라붙는 대표적인 흡혈 동물입니다.

흡혈 동물은 피를 빨려고 하는 동물이나 사람의 몸에서 피가 빨리 흘러 나오도록 자극하고, 피가 금방 응고하지 못하게 막는 화학化學 물질을 갖고 있습니다. 피가 응고해 버리면 피를 계속 빨 수 없으니까요. 이 같은 화학 물질 때문에 인간은 흡혈 동물에게 소중한 피를 빼앗겨 왔습니다.

하지만 인간이 어떤 존재입니까? 인간은 이들 흡혈 동물의 화학 물질을 이용해 새로운 약medicine을 개발할 생각을 했습니다. 특히 거머리에 대해 열심히 연구했지요. 거머리는 피부로 호흡呼吸을 하기 때문에 주로 민물이나 축축한 땅에서 삽니다. 몸이 건조하면 숨을 쉬기가 어렵거든요. 특히

무논
물이 흔하고 기름진 논. '물'과 '논'을 합쳐 만든 용어이다.

벼농사를 짓는 논이나 미나리가 자라는 미나리꽝 같은 무논은 거머리가 살기에 아주 좋은 장소인 셈이지요. 달팽이, 곤충 유충, 벌레 같은 먹이뿐만 아니라 유기물有機物 부스러기가 풍부한 곳이니까요. 물론 어류·양서

류·조류·포유류 같은 동물의 피는 거머리가 가장 좋아하는 먹이입니다.

예전에는 오늘날과 같이 이앙기를 사용하여 모내기를 하지 않고 사람이 직접 논에 들어가 벼를 심었습니다. 그런데 모내기를 하다 보면 다리leg에 피가 철철 흐르곤 했어요. 거머리가 피를 빨아 먹기 때문이지요. 그래서 농부들은 거머리가 들러붙지 않게 스타킹을 신거나 긴 고무장화를 신기도 했습니다.

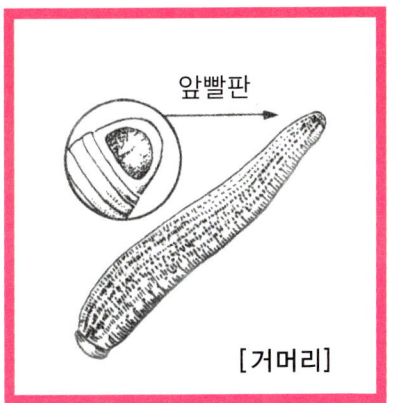

[거머리]

거머리는 어떻게 사람이나 동물의 피를 빨아 먹을까요?

거머리는 34개의 마디로 이루어져 몸의 생김새가 가느다랗고 긴데 몸의 앞뒤 끝과 배 쪽에 빨판이 있어 동물의 몸에 착 들러붙습니다. 그리고 턱에 날카로운 이빨이 있어, 동물의 몸에 Y자 모양의 상처를 냅니다. 그런 다음 히루딘(hirudin)이라는 성분이 든 침을 상처 부위에 뱉어 냅니다. 히루딘은 상처 부위를 마취시키고 혈관을 확장시키며 혈액 응고를 막는 역할을 합니다. 그러므로 거머리에게 피를 빨리는 사람이나 동물은 거머리가 자신의 피를 빠는 것도 거의 눈치채지 못하지요.

사람들은 바로 이 히루딘을 질병disease의 치료에 활용할 생각을 한 것입니다. 핏줄 속에 생기는 핏덩이를 녹이는 '혈전 용해제'가 그것이지요. 히루딘은 이 밖에도 혈관이 막혀 손가락finger 끝이 썩는 버거병을 비롯하여 당뇨병, 아토피, 관절염 등의 치료에도 이용되고 있습니다.

 혈전
혈관 속에서 피가 굳어진 덩어리. 혈전에 의해 혈관이 막히면 혈전증이라는 병이 생긴다.

[지금까지 아무도 몰랐던 80가지 동물·식물의 엄청난 능력 – 수생 동물·파충류]

날치와 공수 양용 선박

날치는 바다에 사는 물고기 중에서 특별한 재주를 가진 물고기입니다. 하늘sky을 날 수 있거든요. 날치란 이름도 그 때문에 생긴 것이고요. 한자 이름은 날 비(飛), 고기 어(魚), 즉 비어(飛魚)이지요. 영어 이름은 flying fish이고요.

날치는 몸길이가 35㎝ 정도이며, 옆으로 약간 납작한 원통형입니다. 주둥이는 짧고 눈eye은 비교적 크지요.

날치 연구가들에 따르면, 날치가 하늘을 날 수 있는 것은 두 가지 이유 때문이랍니다. 첫째는 날치의 날개 역할을 하는 가슴지느러미(앞날개)와 배지느러미(뒷날개)의 각도 차로 인해 두 지느러미 사이에 흐르는 공기 속도가 일시적으로 빨라져 비행기를 띄우는 힘인 양력(揚力)이 커진답니다.

그런데 너무 높이 날면 양력으로 작용하던 가슴지느러미 아래 공기가 가슴지느러미 위로 소용돌이처럼 말려 올라갑니다. 이를 '와류'라고 하는데, 와류 현상은 공기 저항을 증가시켜 멀리 날지 못하도록 방해합

니다. 하지만 2~3㎝로 낮게 날면 와류가 줄어듭니다. 가슴지느러미 위로 오르기 전에 수면水面과 부딪쳐 저항이 줄어드는 '지면 효과'가 나타나기 때문이지요.

지면 효과
지면 가까이에서 항공기의 비행 능력이 증가하는 현상. 높은 고도에 있을 때보다도 양력이 커진다.

날치가 최대最大 40초 동안 시속 70㎞로 400m를 나는 것은 바로 이 두 가지 비밀 때문입니다.

이 같은 날치의 비행飛行 원리가 그대로 적용된 배ship가 있습니다. 물 위를 빠른 속도로 치고 나가는 초고속 선박 기술과 공중에 떠올라 뜬 상태로 이동하는 항공 기술이 합쳐진 위그선, 즉 수면 비행 선박입니다. 기존 선박들이 운항을 할 때 물에 의해 받는 저항 때문에 속도가 느린 점을 보완하기 위해 배에 날개를 달아 수면 위로 떠올라 물의 저항을 받지 않게 한 것이지요.

위그선은 1960년대에 군사용軍事用으로 개발되었는데 처음에는 '바다의 괴물'이라고 불릴 만큼 신기한 존재였습니다. 비행기인지 선박인지를 두고 논란이 일자 국제 해사 기구(IMO)는 위그선을 선박으로 분류했지요. 위그선은 일반 선박에 비해 속도가 몇 배나 빠르고 훨씬 적은 연료로 운항할 수 있으며, 공수空水 양용이라는 장점이 있습니다.

우리나라에서는 여객 수송용 위그선 개발開發에 성공하여 시험 운항까지 마쳤습니다. 바다의 KTX인 위그선을 타고 신 나게 바다 위를 날 수 있는 날이 눈앞에 다가왔답니다.

[지금까지 아무도 몰랐던 80가지 동물·식물의 엄청난 능력 – 수생 동물·파충류]

의료계에 바람을 일으킨 홍합

우리나라 사람들이 즐겨 먹는 조개의 하나인 홍합mussel은 속살이 붉은 빛입니다. 그래서 붉을 홍(紅), 조개 합(蛤), '홍합'이란 이름을 갖게 되었지요. 경상도 지방에서는 합자·열합, 강원도에서는 섭이라고도 한대요. 그런데 중국에서는 맛이 달면서 성질이 따뜻해 피부를 매끄럽고 윤기 있게 가꿔 준다고 해서 동해부인(東海夫人)이라고 부른답니다.

홍합은 길이 13㎝, 높이 6㎝로 모양은 삼각형에 가까운 타원형입니다. 검정색 또는 갈색에 윤기가 나는 두껍고 단단한 조가비로 덮여 있는데 조가비의 겉면은 약간 거친 편입니다. 계절季節에 따른 성장 속도의 차이 때문에 크고 뚜렷한 생장선이 생기기 때문이지요. 조가비 안쪽은 윤기가 나는 진줏빛입니다.

> **조간대**
> 만조 때에는 바닷물에 잠기고 간조 때에는 공기에 드러나는 부분. 해조류, 패류, 갑각류, 고동류, 연체류 등 여러 생물이 서식한다.

홍합은 만조 때 바닷물에 잠겼다가 간조 때 드러나는 조간대에서 수심 20m 사이의 암초에 단단히 달라붙어 무리 지어 삽니다. 얼마나 단단하게 붙어 있는지 아무리 거센 파도wave가 휘몰아쳐도 끄떡도 하지 않는답니다. 사람이 떼려고 해도 도구를 사용하지 않고는 좀처럼 뗄 수 없지요.

우리나라 해안海岸을 비롯하여 중국 북부, 일본 등지에 분포하며, 우리

나라 남해안 일부 지역에서는 양식도 하고 있습니다.

그런데 어려서는 수컷이 많지만 다 큰 다음에는 암컷이 많은 것으로 보아 성전환(性轉換)을 하는 것으로 추정된답니다.

늦봄에서 여름 사이에 알을 낳는데 이때는 맛이 떨어지고 독성도 있으므로 늦겨울에서 초봄까지만 먹는 것이 안전합니다. 5~9월에 딴 홍합에는 신체 마비, 언어 장애, 입 마름 등을 일으키는 독소毒素가 들어 있는 경우도 있답니다.

홍합의 놀라운 접착력接着力은 어떻게 생길까요? 그것도 물속에서 말예요. 홍합은 물속에서도 액체 성분을 분비하여 순간적으로 굳어 다른 물체에 달라붙는 족사(足絲)를 만드는데 바로 이 족사에 그 접착력의 비밀이 있대요. 족사는 접착성이 강한 단백질성 섬유 다발입니다.

이 같은 홍합의 접착 능력을 모방하여 이제껏 없던 새로운 발명품이 탄생하였습니다. 물에 젖을수록 더욱 강력한 접착 능력을 갖는 홍합 접착제가 개발되어 수술手術 후 상처 부위를 붙이는 데 실 대신 사용되고 있으며, 홍합의 콜라겐 단백질을 이용해 사람의 피부보다 5배나 질기고 16배나 잘 늘어나는 인공人工 피부도 만들어졌다고 합니다.

흔하디 흔한 홍합이 의료계에 큰 변화를 가져왔네요.

성전환
생물이 날 때와 반대의 성으로 바뀌는 것. 하등 동물에서는 흔히 나타나며, 어류와 조류에서도 때때로 볼 수 있다. 사람에게는 매우 드물다.

[지금까지 아무도 몰랐던 80가지 동물·식물의 엄청난 능력 - 수생 동물·파충류]

거미불가사리의 탁월한 능력

해삼, 성게, 불가사리……. 이들의 공통점은 무엇일까요? 이들은 모두 극피동물에 속합니다. '극피'란 석회질의 가시가 돋힌 껍질을 이르지요.

바다 밑바닥에 사는 거미불가사리는 지름 2㎝쯤 되는 원반 모양의 몸에 6㎝쯤 되는 가느다란 5개의 팔arm이 바퀴살처럼 쭉쭉 뻗어 있는데 흔히 가지를 치고 있으며, 가시도 돋아 있습니다. 팔은 쉽게 끊어지지만 금방 다시 나지요. 입mouth은 몸 아래쪽에 있는데 5개의 이를 가지고 있으며, 항문이 없어 찌꺼기를 입으로 배출합니다.

미국 벨 연구소의 연구진에 따르면, 거미불가사리는 어떤 상황에서도 적의 접근接近을 일찌감치 탐지한답니다. 성능이 매우 뛰어난 아주 작은 렌즈들을 무수히 지니고 있기 때문이래요.

거미불가사리는 낮에는 물론 어둠darkness 속에서도 적의 접근이나 가까이 있는 은신처를 매우 빨리 알아내 정확하게 이동한다고 합니다.

또한, 변색變色 동물들은 적에게 발견되지 않기 위해 자신의 몸 색깔을 주변의 색채나 명도와 비슷하게 바꾸는 것이 보통인데, 거미불가사리는 그 반대로 한낮에는 갈색brown으로, 밤에는 밝은 회색gray으로 바꿉니다.

명도
색의 밝고 어두운 정도. 색상·채도와 함께 색의 3요소를 이룸.

벨 연구소 연구진은 거미불가사리가 이처럼 변색하는 것은 자신의 몸을 위장하기 위한 것이 아니고 빛의 변화를 더 잘 감지해 일찌감치 자기 보호 조치를 취하기 위해서임을 밝혀냈습니다.

거미불가사리의 몸통과 팔을 연결하는 부위의 표면表面에는 방해석이라는 탄산칼슘으로 이루어진 미세한 수정체들이 무수히 박혀 있어 이 수정체들이 받아들인 빛이 광학적 신호로 바뀌어 신경망으로 전달됩니다. 수정체 하나의 크기는 100분의 1mm도 되지 않으며, 지금까지 인간의 기술技術로 개발된 렌즈보다 훨씬 더 작으면서도 더없이 정확하게 빛에 초점focus을 맞추는 등 기능이 거의 완벽하다고 합니다. 또한 렌즈가 받아들인 빛이 신경망을 통해 전달되는 기계적 시스템도 놀랍답니다.

팔이 5개나 되잖아!

거미불가사리의 둥근 초소형 수정체와 신경망 작동 시스템은 주변 상황 변화에 적응하는 고성능 광학 렌즈는 물론 최신형最新型 초고속 광통신망 개발에도 도움을 줄 수 있을 거라고 합니다. 나아가 미세한 빛의 변화를 정확히 탐지해 데이터data를 저장하는 광컴퓨터의 개발에도 큰 도움이 될 거라고 합니다.

바다에 사는 불가사리가 이렇게 놀라운 능력能力을 갖고 있다니, 자연의 신비로움에 감탄사가 절로 나옵니다.

광컴퓨터
빛의 특성을 이용해 연산을 수행하는 컴퓨터. 연산·기억·재생 속도가 매우 빠르고 에너지도 절약할 수 있다.

[지금까지 아무도 몰랐던 80가지 동물·식물의 엄청난 능력 – 수생 동물·파충류]

물벼룩은 환경 지킴이

전 세계 연못과 호수, 물살이 빠르지 않은 하천에 널리 퍼져 살고 있는 물벼룩water flea은 몸길이가 1.2~3.5㎜에 불과할 만큼 작습니다. 아무리 커도 참깨 정도의 크기이지요.

생김새며 톡톡 튀는 모습이 벼룩flea을 꼭 닮아 벼룩의 한 종류이자 곤충이라고 생각하기 쉽지만 물벼룩은 벼룩의 한 종류도 아니고, 따라서 곤충도 아닙니다. 게·새우·가재와 마찬가지로 물에 살고 몸이 단단한 껍데기로 덮인 갑각류에 속한답니다.

머리head는 너비가 넓고 반원 모양으로 등 쪽에 붙어 있고 단단한 껍데기는 배 쪽에 붙어 있습니다. 몸빛은 투명하거나 연노란색입니다. 머리 앞쪽에서 뻗어나온 제이第二 촉각(발이 변화하여 된 더듬이)으로 노 젓기를 하듯 헤엄쳐 움직입니다.

물벼룩은 평상시 암컷 혼자 알을 낳는 단성 생식을 합니다. 그러나 먹이가 부족하거나 온도溫度가 낮아지는 등 환경이 변하면 수컷이 생겨 암컷과의 양성 생식을 통해 알을 낳습니다. 이렇게 낳은

단성 생식
암컷이 수컷과의 수정 없이 새로운 개체를 만드는 생식법. 물벼룩·진딧물 등의 무척추동물뿐만 아니라 일부 어류, 양서류, 파충류도 이 방법을 사용한다.

알은 마치 식물plant의 씨앗처럼 환경이 좋아지기를 기다렸다가 부화합니다. 어미 물벼룩이 죽고 6개월 이상 지난 뒤에 부화하는 것도 있을 정도이지요. 양성兩性 생식으로 태어난 물벼룩은 단성 생식으로, 즉 암컷 혼자 낳은 알에서 태어난 물벼룩보다 적응력이 뛰어나답니다. 물벼룩의 수명壽命은 40~60일 정도입니다.

그럼, 물벼룩도 환경 지킴이?

물벼룩은 물속의 박테리아와 녹조류를 먹고 삽니다. 따라서 자연스럽게 더러운 물을 깨끗하게 만들어 주지요. 수질水質을 오염시키는 것들을 먹어 치우니까요.

또한 물벼룩은 우리나라에서 2011년부터 시행되고 있는 '생태 독성毒性 관리 제도'에 없어서는 안 되는 '수질 검사관'입니다.

'생태 독성 관리 제도'란 공장·집 등에서 버리는 더러운 물에 포함되어 있는 화학 물질이 생물체에 미치는 독성의 정도를 물벼룩을 이용하여 관리하는 제도입니다. 물이 오염되면 물벼룩이 평소와 다른 행동action을 보이거나, 심한 경우 죽기도 하는 등 여러 가지 증상을 보이거든요. 그러므로 물벼룩이 보이는 여러 증상을 토대로 물의 상태를 파악하고 그 대책을 세움으로써 건강한 하천河川을 유지하는 것입니다.

참깨보다도 작은 물벼룩이 지구의 환경 지킴이로서 엄청난 일을 하고 있다니, 물벼룩을 다시 보아야겠지요?

물벼룩은 애완용으로 기르는 금붕어goldfish나 열대어의 먹이로 이용되므로 대량으로 기르기도 합니다.

[지금까지 아무도 몰랐던 80가지 동물·식물의 엄청난 능력 – 수생 동물·파충류]

터널 뚫는 기술자 배좀벌레조개

신대륙
남·북 아메리카와 오스트레일리아를 아울러 이르는 말

콜럼버스나 쿡 같은 신대륙新大陸 발견 시대의 탐험가들이 폭풍우 못지않게 두려워한 것이 있습니다. 배좀벌레조개라는 특이한 모양의 작은 조개랍니다.

배좀벌레조개는 연체부 앞부분 일부만 두 장의 껍데기에 덮여 있고 나머지 부분은 긴 대롱처럼 노출되어 있습니다. 전체全體 몸길이가 180㎝나 되는 것도 있지요.

배좀벌레조개는 이름 그대로 배에게 있어서 좀벌레, 즉 좀 같은 조개입니다. 육지의 흰개미처럼 죽은 나무tree를 좋아해 목재를 마구 갉아 먹거든요.

배좀벌레조개는 1분에 8~12차례 껍데기를 목재에 대고 문질러 목재를 갉아 먹습니다. 껍데기 표면에 줄 모양의 볼록한 선이 촘촘하게 나 있어 이 볼록한 곳에 닿은 목재가 갈리는 것이지요. 배좀벌레조개는 갈려 나온 목재 가루를 삼켜 소화시키고, 남은 찌꺼기는 몸 밖으로 내보내 자기가 만든 구멍의 벽에 바릅니다. 목재를 갉아 먹으면서 튼튼한 터널tunnel을 뚫어 나가는 것이지요.

[배좀벌레조개]

예전에는 선박 대부분이 목재로 만든 목선木船이었고, 부두의 시설물 중에도 목재로 만든 것이 많았습니다. 따라서 배좀벌레조개 떼의 공격attack을 받은 선박이나 목재 시설물이 큰 피해를 입곤 했습니다. 목재 안에 무수한 터널이 뚫렸으니 어떻게 온전하겠어요? 그러니 아무리 용감한 탐험가들이라도 이 작은 조개를 겁내는 것은 당연했지요.

그런데 이 공포의 조개를 보고 터널 뚫는 기계機械를 발명한 사람이 있습니다. 오늘날 지하철이 지나는 지하 터널이나 바다 밑바닥에 뚫는 해저 터널은 TBM(tunnel boring machine)이라는 굴착 기계를 이용합니다. 이 굴착 기계의 원리는 다름 아닌 배좀벌레조개로부터 얻은 것이랍니다.

TBM
폭약을 사용하는 재래의 시공과는 달리 무진동, 무발파로 굴착하는 터널 굴착 기계이다. 안전하고 청결한 환경을 유지할 수 있어 점점 보편화되고 있다.

19세기 말, 영국 런던의 템스 강 바닥에 터널을 뚫기로 했습니다. 하지만 강 바닥에 터널을 뚫는다는 게 쉽지 않았어요. 이 어려운 공사工事를 앞두고 고민에 빠진 건설 기술자 브루넬은 조선소에서 우연히 수리를 위해 맡겨진 선박을 발견했습니다. 배 밑바닥에 구멍이 숭숭 뚫려 있었지요. 이상하게 생각한 그가 조선소 사람들에게 물어보니 배좀벌레조개가 목재를 갉아 먹어 생긴 구멍이라는 것이었어요.

브루넬은 배좀벌레조개가 목재에 구멍을 뚫는 방법을 알아내 그대로 템스 강 터널 공사에 적용했습니다. 그것이 바로 세계 최초의 TBM입니다.

[지금까지 아무도 몰랐던 80가지 동물·식물의 엄청난 능력 – 수생 동물·파충류]

개코도마뱀의 마법의 발바닥

게코도마뱀은 도마뱀붙잇과에 속하는 도마뱀으로 종류가 2,000여 종에 이르는 것으로 추정되며, 새로운 종류가 계속 발견되고 있다고 합니다.

게코도마뱀은 전 세계 곳곳 따뜻한 곳에 사는데, 어떤 종류는 사람과 함께 살기도 합니다. 모기 같은 해충害蟲을 잡아먹어 사람에게 이로운 역할을 하지요.

게코도마뱀이 과학자들의 큰 관심關心을 모으고 있습니다. 무엇 때문일까요?

게코도마뱀은 벽wall을 타고 올라가거나 천장을 자유자재로 기어 다닙니다. 곤충처럼 몸무게가 가벼운 것도 아니고, 발바닥에 문어의 빨판 같은 것도 없고, 쩍쩍 들러붙는 끈적거리는 물질도 없는데 어떻게 그런 어려운 묘기를 부릴 수 있을까요?

미국 버클리 캘리포니아대 연구 팀이 그 묘기의 비밀을 밝혀냈습니다. 게코도마뱀의 발바닥은 길이 50~100마이크로미터(㎛), 지름 5~10㎛인 수백만 개의 강모剛毛로 덮여 있습니다. 그리고 하나의 강모는 수백 개

마이크로, 나노
각각 미터법의 단위 위에 붙여서 100만분의 1, 10억분의 1을 나타내는 말

에 이르는 주걱 모양의 섬모(길이 1~2㎛, 지름 200~500나노미터)로 갈라집니다. 이들 섬모 하나하나의 접착력은 그렇게 크지 않지만, 수억 개가 합쳐지면 엄청난 접착력을 발휘하여 게코도마뱀의 무게 수십 배도 견딜 수 있게 된다는 것입니다.

게다가 발을 붙였을 때는 그렇게 강력하게 붙지만, 발을 떼면 흔적痕迹도 없이 쉽게 떨어집니다. 그러므로 얼마든지 마음대로 이동할 수 있는 것이지요.

이 원리를 이용해 끈끈한 접착接着 물질을 남기지 않고 깨끗하게 붙였다 떼어 낼 수 있는 접착 테이프tape인 '게코테이프'가 개발되었습니다.

뿐만 아니라 게코도마뱀의 발바닥을 가진 우주·심해용 특수 로봇 등을 개발하는 연구가 외국外國은 물론 우리나라에서도 진행되고 있습니다.

유리벽을 수식으로 올라가는 등 사람이 직접 가기 어려운 곳에서 활동할 수 있는 '스티키봇(Stickybot)'은 미국 스탠퍼드대 연구진이 게코도마뱀을 모방하여 개발한 로봇으로, 2006년에 타임지가 선정한 그 해의 최고 발명품發明品 중 하나입니다.

유리창 청소부 시키면 좋겠다.

섬모
움직일 수 있는 세포의 한 부분. 짚신벌레와 같은 원생동물이나 포유류 기관지의 상피 세포 등에 가는 실 모양으로 놓나나 있다.

심해
깊은 바다. 보통 해면 밑 200m 이하의 깊은 곳을 말한다.

[지금까지 아무도 몰랐던 80가지 동물·식물의 엄청난 능력 – 수생 동물·파충류]

족집게 문어, 발명가 문어

연체동물
조개, 굴, 오징어, 문어, 달팽이 등 연체동물문의 동물을 통틀어 이른다. 몸은 머리, 내장, 다리, 외투막의 네 부분으로 되어 있으며, 뼈가 없고, 대개 석회질로 덮여 있다.

문어octopus는 연체동물 문어과의 한 종으로 발 끝까지의 길이가 약 3m로 낙지류 중에서 가장 큽니다. 우리나라·일본·알래스카·북아메리카 등지의 연안 100~200m 깊이의 바다에 살아요.

흔히 머리라고 생각하는 공ball 모양의 부분은 몸체로서 그 안에 내장이 있으며, 머리는 눈이 있는 부분입니다.

문어는 다리leg가 8개로, 이 때문에 '팔초어' 또는 '대팔초어'라고 불리기도 합니다. 8개의 가지를 가진 고기라는 뜻이지요. 초(梢)는 '가지'를 뜻합니다. 각각의 다리에는 강한 빨판이 2줄로 나 있어 바위rock 같은 데 잘 달라붙습니다. 8개의 다리 중 제1다리가 가장 길며, 제3다리는 짝짓기를 하는 데 씁니다.

문어는 쌀알처럼 희고 작은 수만 개의 알을 한꺼번에 낳습니다. 어미 문어는 알이 부화될 때까지 먹지도 자지도 않고 계속 산소를 공급하기 때문에 새끼 문어가 부화될 때쯤에는 몸무게가 1/10 이하以下로 줄어 죽는 경우도 많답니다. 자기 목숨life을 바쳐 새끼들을 돌보는 것이지요.

문어는 밤night에 활동하는 야행성으로 게, 새우, 작은 고기류를 잡아먹습니다. 그러므로 어부들은 구멍 등을 찾아다니는 문어의 습성習性을 이용하여 문어 항아리 따위로 문어를 잡는답니다.

이야, 정말 재빠른데~

문어는 바닥을 기지만, 놀랐을 때는 물을 분사해 뒤쪽으로 재빨리 움직이며, 위험danger을 느끼면 먹물을 내뿜고 재빨리 달아납니다. 감각 기관을 마비시키는 성분成分이 든 먹물을 내뿜는 종류도 있지요.

긴 관 모양으로 생겨 포탄을 내쏘는 대포의 포신은 문어가 먹물ink을 내뿜는 원리를 모방한 것입니다. 문어가 무서운 무기를 발명한 셈이지요.

또한 문어는 지능知能이 매우 높습니다. 화산 폭발을 미리 알고 피하며, 거울을 보여 주자 자기 자신을 차츰 인식했다고도 합니다. 한 실험實驗에서는 통 속에 든 먹이를 먹으려고 뚜껑을 돌려 통을 열었다고 하지요.

2010년 남아프리카 공화국 월드컵 축구蹴球 대회 때 세상世上을 떠들썩하게 한 문어도 있습니다. 독일 오버하우젠의 해양 생물 박물관 수족관에 살던 파울이라는 이름의 문어는 독일 축구 국가 대표 팀의 승패를 거의 정확히 맞혔거든요. 그래서 점쟁이 문어, 족집게 문어라는 별명nickname까지 얻었답니다.

[지금까지 아무도 몰랐던 80가지 동물·식물의 엄청난 능력 - 수생 동물·파충류]

상어의 피부와 전신 수영복

상어shark는 포유류인 고래와 달리 물고기입니다. 몸길이 0.4~18m에 방추형(원통형에 양 끝이 원뿔 모양)으로, 물고기 중에서 가장 크지요. 지느러미가 발달하고 이빨이 날카롭습니다. 알을 낳는 난생卵生이지만 일부 난태생도 있습니다.

매우 민첩하고 사나워, 상어 하면 무조건 사람을 해치는 무서운 물고기로 생각하기 쉬운데, 사람을 해치는 위험한 상어는 10여 종뿐이며, 그들 대부분은 주로 열대 바다에 삽니다. 그중 8m에 이를 만큼 크고 성질도 포악하여 제일 위험한 상어로 알려진 백상아리는 오스트레일리아 근해近海에 많습니다.

상어의 종류種類에는 고래상어·괭이상어·돌상어·별상어·수염상어·악상어·철갑상어 등이 있습니다.

상어의 몸body은 머리·몸통·꼬리·지느러미의 네 부분으로 나누어지는데, 일반적으로 지느러미가 매우 발달發達되어 있습니다. 등지느러미에 강한 가시를 가진 것도 있지요. 꼬리지느러미는 위아래가 비대칭非對稱입니다.

백상아리
영화 〈조스〉로 잘 알려진 상어로, 뱀상어와 함께 가장 난폭한 종으로 분류된다. 먼바다보다는 연안에 많이 서식하여 세계 각지의 해수욕장이나 바다에서 사람을 해치곤 한다.

입은 몸 아래쪽에 있고, 입 앞쪽에 콧구멍과 입을 연결하는 비구구(鼻口溝)가 있는 것도 있습니다. 눈은 머리 좌우左右에 있고, 그 뒤쪽에 5~7쌍의 아가미구멍이 있지요. 눈의 바로 뒤에는 숨을 쉴 때 물을 들이마시는 기관인 호흡공呼吸孔이 있습니다.

상어의 몸 표면은 방패 비늘, 즉 미세한 돌기로 덮여 있어 만지면 꺼끌꺼끌합니다. 그래서 사어(沙魚), 즉 모래고기라고도 불리지요.

이러한 상어 피부skin의 돌기 구조는 헤엄칠 때 물이 만드는 마찰 저항의 상당 부분을 차지하는 와류를 피하고 저항을 감소시키는 역할役割을 합

니다. 덕분에 상어는 에너지energy 소모를 줄이면서도 빠르게 움직일 수 있는 것입니다.

　스포츠 용품을 만드는 스피도 사에서는 상어 피부의 돌기처럼 수영복 표면을 V자 모양의 미세한 홈들로 처리했습니다. 선수player가 헤엄칠 때 수영복 표면에 닿은 물이 소용돌이를 일으키며 미끄러지듯 흘러내려 저항을 줄인다는 원리이지요.

　이 수영복을 입은 선수들이 올림픽Olympics에서 좋은 성적을 낸 것은 당연했습니다. 2002년 시드니 올림픽 때 전신 수영복을 입은 선수들이 수영 종목 33개의 금메달 가운데 25개를 땄답니다.

　수영복에까지 자연의 놀라운 비밀이 담겨 있다니, 자연의 위대함은 정말 대단합니다.

:: 무시무시한 식인 물고기들

사람의 피 냄새를 맡으면 흥분하여 사람을 해치는 물고기들이 있습니다. 아마존에 사는 식인 물고기 피라니아와 식인 상어들이 그렇지요.

상어 중에서 청상아리·백상아리·귀상어·뱀상어 등은 성질이 사나워 사람을 해치는 식인 상어로 알려져 있습니다. 이들은 이가 창날처럼 날카롭답니다.

식인 상어가 사람을 습격하는 것은 배가 고프거나, 사람이 상어를 공격했을 경우입니다. 오스트레일리아나 남아프리카 공화국을 비롯한 적도에 가까운 나라의 해수욕장에서는 식인 상어의 공격을 막기 위해 바다에 그물을 쳐 놓기도 한대요.

우리나라 황해에서 해녀나 잠수부가 상어의 습격을 받는 사건이 이따금 일어나는데, 우리나라에 출몰하는 식인 상어는 주로 흉상엇과로 뱀상어·아구상어·흰뺨상어·펜두상어·청새리상어·무태상어·흉상어·검은꼬리상어·청상아리·백상아리 등이라고 합니다.

피라니아는 남아메리카의 아마존에 사는 물고기로 피 냄새가 나면 바로 달려들어 순식간에 해치우는 무서운 물고기입니다.

아마존에 사는 칸디루라는 물고기도 식인 물고기로 알려져 있는데, 칸디루는 피가 아닌 오줌 냄새를 맡고 달려든다고 합니다. 그러므로 아마존에서는 함부로 오줌을 누어서는 안 된다고 해요.

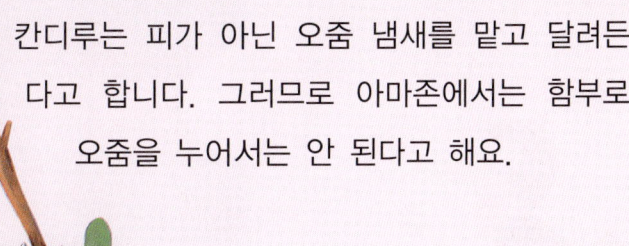

[지금까지 아무도 몰랐던 80가지 동물·식물의 엄청난 능력 – 수생 동물·파충류]

제트 엔진을 단 오징어

두족류
연체동물 중 가장 진화된 것으로, 연해에서 심해에 걸쳐 바다에서 산다. 앵무조개, 오징어, 낙지 등이 있다.

달팽이·조개 등과 함께 몸이 연하고 무른 연체동물이면서 발이 머리에 달린 두족류頭足類에 속하는 오징어는 오적어(烏賊魚)라고도 불립니다. 오적이란 '까마귀crow를 해치는 도적'이라는 뜻입니다. 오징어가 물 위에 떠 있으면 날아가던 까마귀가 오징어가 죽은 줄 알고 물 위로 날아 내려옵니다. 그러면 오징어가 재빨리 다리로 까마귀를 감아 가지고 물속으로 들어가 먹어 치우거든요. 참으로 기발한 사냥법이지요.

오징어의 몸은 머리·몸통·다리의 3부분으로 이루어지는데, 머리는 다리와 몸통 사이에 있고 좌우左右 양쪽에 커다란 눈이 있습니다. 다리는 10개인데 그중 2개는 다른 8개에 비해 훨씬 길며, 끝부분에 여러 개의 빨판이 달려 있습니다. 몸통은 원통형 또는 원뿔꼴이며 그 끝에 지느러미가 있습니다.

항문 부분에 먹물주머니가 있어 위험이 닥치면 먹물을 내뿜어 적enemy의 눈을 피합니다. 오징어 먹물은 항균, 항암 작용을 하는 것으로 알려져 오징어 먹물을 이용한 식품食品과 의약품 등이 나와 있지요.

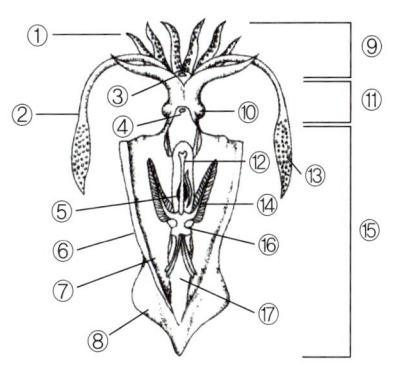

①다리 ②촉완 ③입
④누두 ⑤먹물낭 ⑥외투
⑦외투강 ⑧지느러미
⑨다리부 ⑩눈 ⑪머리부
⑫항문 ⑬빨판 ⑭아가미
⑮몸통부 ⑯아가미심장
⑰내장낭

[오징어의 얼개]

몸길이가 2.5cm에 지나지 않는 꼬마오징어, 몸길이 20m에 몸무게 500~1000kg인 대왕오징어를 비롯하여 갑오징어, 귀오징어, 쇠오징어 등 종류가 많습니다.

오징어는 흡입구를 통해 빨아들인 바닷물을 수축해 고압으로 만든 다음, 강하게 뒤로 방출하여 이동移動도 하고 바다 표면으로 10m 이상 뛰어오르기도 합니다.

이와 똑같은 원리原理로 만들어진 엔진(기관)이 있습니다. 제트jet 여객기 등에 다는 제트 엔진이지요. 이 엔진은 공기를 흡입해서 압축한 뒤 연료와 함께 연소시킬 때 발생하는 제트 가스gas를 강력하게 뒤로 분출시켜 그 반동으로 추진력을 얻는답니다.

제트 엔진은 여객기뿐만 아니라 전투기, 로켓, 선박 등에도 이용되고 있습니다. 똑똑한 오징어 덕을 톡톡히 보고 있는 셈이지요.

[지금까지 아무도 몰랐던 80가지 동물·식물의 엄청난 능력 – 수생 동물·파충류]

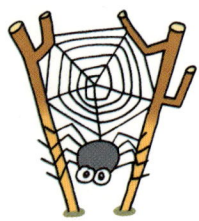

거미줄과 카멜레온처럼 변하는 휴대 전화

'엿장수 마음대로'란 말을 아세요? 엿장수가 엿을 늘이듯이 무슨 일을 자기 마음대로 하는 것을 이르는 말이지요.

현대인의 필수품이 되다시피 한 휴대 전화携帶電話. 그 휴대 전화의 모양을 엿장수 마음대로 바꿀 수 있는 날이 멀지 않았다고 합니다. 엿가락처럼 늘이고 구부리고, 팔찌처럼 팔arm에 끼고 다니는 휴대 전화라니…….

세계世界의 대표적인 휴대 전화 제조 회사들이 그런 휴대 전화를 개발하고 있습니다. 강철steel보다도 튼튼할 뿐만 아니라 늘어나고 휘어지며 다시 본래의 상태로 돌아가기도 하는 특수한 섬유 조직으로 되어 있는 거미줄web의 원리에서 아이디어를 얻었다고 합니다.

모양뿐만이 아닙니다. 상황에 따라 휴대 전화의 색깔color이 바뀌게 된답니다. 이 아이디어는 또 어디서 왔을까요? 바로 카멜레온이랍니다.

카멜레온은 몸길이가 30~60㎝인 파충류로 도마뱀lizard과 비슷한데 네 개의 다리가 있고 꼬리가 길며, 몸 겉면에 좁쌀 모양의 돌기가 돋아 있습니다. 먹이가 되는 곤충을 보면 나사처럼 돌돌 말린 혀tongue를 길게 늘여 재빨리 먹이를 잡아먹지요. 몸빛은 회색·황갈색·녹색으로 주위 환경에 따라 몸빛이 자유롭게 변한답니다. 이렇게 자신의 몸을 보호하기 위하여 몸빛을 바꾸는 것을 보호색保護色이라고 하지요. 그런데 빛의 강약, 온도, 그리고 공포나 승리감 같은 감정의 변화에 따라서도 몸빛이 변합니다. 오죽하면 변신變身을 잘하는 사람을 가리켜 카멜레온이라고 하겠어요?

변신의 달인이야.

휴대 전화의 색깔과 모양shape이 엿장수 마음대로 변한다! 그럴 경우 어떤 일이 일어날 수 있을까요? 재미있게 상상해 보세요!

또 한 가지 놀라운 사실이 있습니다.

미국 공군空軍은 카멜레온처럼 주변 환경에 맞춰 색깔이 변하는 비행기를 개발하고 있다고 합니다.

비행기 겉에 극미세 입자인 '나노 분말'로 만든 페인트paint를 칠해 스스로 보호색을 만들게 하자는 것이지요.

정말 비행기의 색깔이 시시때때로 변하면 어떤 일이 일어날까요?

보호색

동물 중 일부는 주위 환경의 변화에 재빨리 반응하여 색을 바꾼다. 카멜레온처럼 주위 환경에 따라 색을 바꾸는 경우뿐만 아니라 잎 위를 기어 다니는 나방의 애벌레가 대부분 녹색이어서 눈에 잘 띄지 않는 것도 보호색의 좋은 예이다.

[지금까지 아무도 몰랐던 80가지 동물·식물의 엄청난 능력 – 수생 동물·파충류]

물고기와 전기

물고기fish는 바다나 강, 호수 같은 물속에 살며 아가미로 호흡하고 지느러미로 움직입니다. 생김새는 대부분 유선형이며 몸 표면은 비늘로 덮여 있지요.

사람은 물속에서 열심히 헤엄swimming을 치지 않는 한 가라앉습니다. 하지만 물고기는 물속에서도 가라앉지 않고 유유히 움직입니다. 물고기는 어떻게 물 밑으로 가라앉지 않고 태연히 움직일 수 있을까요?

물고기의 몸속에는 부레라는 특별한 기관이 있습니다. 부레는 안에 기체가 들어 있는 얇은 막 모양의 주머니로, 물고기가 뜨고 가라앉는 것을 조절해 줍니다.

또한 물고기는 등뼈 양 옆에 위치하는 쌍으로 존재하는 근육들을 수축함으로써 움직입니다. 이러한 근육의 수축은 몸body을 따라 내려가는 S자 모양의 곡선들을 형성합니다. 각각의 곡선이 꼬리지느러미에 닿으면서, 뒤로

향하는 힘이 물에 작용합니다. 그래서 물고기는 꼬리지느러미와 함께 앞으로 나아갑니다.

　물고기의 지느러미들은 비행기飛行機의 보조 날개처럼 작용합니다. 또한 이들은 꼬리의 표면적을 넓힘으로써 속도를 증가시켜 줍니다.

　또한 유선형의 몸체는 물에서부터 오는 마찰의 양을 줄여 줍니다.

　지구earth를 둘러싸고 있는 대기 속에서는 무수한 작은 소용돌이가 생겨납니다. 지면을 따라 바람이 불 때, 지형의 영향과 공기의 마찰 등으로 인해 무수한 작은 소용돌이가 생기는 것으로 이를 난류亂流라고 합니다.

　난류는 물속에서도 생깁니다. 물이 흐르다 장애물을 만나면 약한 난류

보조 날개
비행기의 좌우 날개의 바깥쪽 뒷면에 붙어 있는 조종용 날개면. 비행기의 방향을 돌리거나 옆으로 흔들리지 않게 하는 데 쓰인다.

가 생기는데 물고기는 이 난류를 타고 유유히 헤엄쳐 나갑니다. 난류의 회전 방향이 변할 때마다 물고기가 자신의 몸을 움직이는 방향을 바꾸며 앞으로 나가는 것이지요.

미국 캘리포니아 공대 연구진은 물고기의 움직임을 본떠 난류로 전력電力을 생산하는 장치를 개발했습니다. 발전기를 돌리는 날개의 회전축을 바꿈으로써 도시city에서 발생하는 난류를 이용하여 계속해서 전력을 생산하는 것입니다.

물고기가 헤엄치는 원리를 응용하여 전기電氣를 만들어 내다니, 자연도 똑똑하지만 사람도 자연에 버금가게 똑똑하네요.

암, 사람이 제일 똑똑하고말고!

지금까지 아무도 몰랐던 80가지 동물·식물의 엄청난 능력

곤충

    곤충은 몸이 키틴질의 외골격으로 싸여 있고, 여러 마디로 이루어져 있으며, 머리·가슴·배의 세 부분으로 나누어집니다. 머리에 한 쌍의 더듬이와 겹눈, 가슴에 두 쌍의 날개와 세 쌍의 다리가 있고, 암수딴몸입니다. 알에서 새끼가 태어나며, 탈바꿈을 합니다. 지구 상에 약 80만 종이 분포하는데 전 동물 종의 4분의 3에 이른다고 합니다.
    흔히 곤충이라고 생각하는 거미는 엄밀히 곤충이 아닙니다.

[지금까지 아무도 몰랐던 80가지 동물·식물의 엄청난 능력 – 곤충]

바퀴와 화성 탐사

화석化石은 동물·식물의 유해와 활동 흔적 따위가 암석 속에 보존된 것으로 동물·식물의 진화를 아는 데 매우 중요한 자료가 됩니다. 바퀴는 3억 2,000만 년 전에 만들어진 화석에 지금의 모습 그대로 담겨 있습니다. 즉, 아주 오랜 옛날에도 바퀴가 지구 상에 존재했다는 뜻이지요.

바퀴는 어떻게 그 오랜 세월歲月을 거치며 그때의 모습 그대로 살아남았을까요?

굳이 변화하지 않아도 될 만큼 완벽한 신체身體 구조인 데다, 여간해서는 병들거나 해서 죽지 않을 만큼 튼튼하고, 게다가 번식력이 강하기 때문이라고 합니다.

오늘날 바퀴는 구조상 또는 큰 몸집 때문에 생물 실험의 재료로 쓰일 뿐만 아니라, 바퀴의 놀라운 장점을 모방하려는 움직임이 활발히 일고 있습니다.

바퀴의 몸body은 납작한 타원형으로 갈색 또는 검정색의 윤기 나는 등딱지를

가지고 있습니다. 이 등딱지에는 레실린이라는 단백질 성분이 들어 있는데 레실린은 물에도 젖지 않고 휘발유에 넣어도 절대로 변하지 않는다고 합니다.

그러므로 만약 바퀴의 등딱지 성분을 이용한 장갑을 만들면 기름oil을 만지는 자동차 정비사 등에게 아주 좋은 선물이 되겠지요.

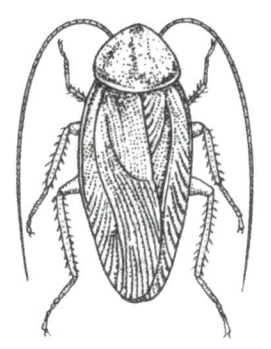

[바퀴벌레]

바퀴의 더듬이는 길고 실 모양이며, 머리는 아래로 구부러졌고, 입 부위는 다른 곤충들과 달리 앞이나 아래가 아닌 뒤를 향하고 있습니다.

수컷은 2쌍의 날개wing가 있지만 암컷은 날개가 아예 없거나 흔적만 남아 있습니다. 암컷은 몸에서 돌출한 알 주머니에 알을 넣고 다니는데, 알은 부화되어 부드럽고 하얀 약충이 되고, 이것이 공기空氣에 노출되면 굳어지면서 짙은 색으로 변합니다.

바퀴는 따뜻하면서 축축하고 어두운 장소를 좋아합니다. 하수구, 쓰레기장, 부엌 등에 바퀴가 많은 것은 그 때문이지요. 많은 사람들이 바퀴를 불결한 해충害蟲으로 여기는데 실제로 해충은 얼마 되지 않는다고 합니다. 물론 상당한 해를 주고 불쾌한 냄새가 나는 것도 있지요. 먹이는 식물과 동물의 산물産物을 비롯하여 식품·종이·옷가지·책에서부터 죽은 곤충, 빈대에 이르기까지 매우 다양합니다.

약충

불완전 변태(하루살이·잠자리·바퀴와 같이 번데기 시기를 거치지 않고 탈피 때마다 어른벌레 모양으로 가까워지는 것)를 하는 동물의 애벌레. 불완전 변태는 불완전 탈바꿈 또는 못갖춘탈바꿈이라고도 한다.

환영! 화성으로 오세요~

바퀴의 다리leg는 3쌍 다 걷는 다리입니다. 길게 잘 발달해서 매우 빠르게 움직이며, 미끄러운 곳에서도 거친 곳에서도 거침이 없습니다. 오죽하면 바퀴의 다리 움직임을 모방한 우주宇宙 탐사선을 개발하려고 하겠어요. 바퀴의 다리라면 거친 행성行星의 표면도 자유롭게 이동할 수 있을 테니까요.

그뿐이 아닙니다. 바퀴의 꼬리에 난 털은 아주 약한 공기의 흐름까지도 감지할 수 있다고 합니다. 과학자들이 이 점을 화성 탐사 로봇robot에 활용하여 화성의 회오리바람을 피할 수 있는 감지기를 개발하고 있다고 합니다.

대부분의 바퀴를 흔히 '바퀴벌레'라고 하는데, '바퀴'가 표준어입니다. 바퀴는 다른 곤충에 비해 쉽게 집 안으로 들어옵니다. 시장바구니나 상자 속에 묻혀 들어오기도 하고, 이삿짐과 함께 들어오기도 합니다. 한번 집 안에 들어오면 여간해서 없어지지 않으므로 한두 마리 눈에 띠면 재빨리 없애야 합니다.

바퀴는 배나 비행기를 타고 전 세계 곳곳에 퍼져 나간, 지구 상에서 가장 흔한 곤충이기도 합니다.

화성
태양계의 네 번째 행성. 지구 궤도 바로 바깥쪽에 궤도가 있다. 공전 주기 1.88년, 자전 주기 24시간 37분. 빨갛게 보이며, 2개의 위성을 가지고 있다. 분화구처럼 움푹 팬 곳, 대협곡 등도 발견된다.

:: 곤충의 몸에도 피가 있을까?

바퀴가 눈에 띄면 비명부터 지르는 사람도 있지만 용감하게 손바닥이나 책 같은 무거운 물건으로 쳐서 잡는 사람도 있습니다.

그런데 바퀴의 몸이 납작하게 눌렸는데도 피가 보이지 않습니다. 그래서 바퀴의 몸에는 피가 없다고 여기기 쉽습니다. 하지만 바퀴 따위 곤충에게도 피가 있답니다. 빨간색은 아니지만 액체가 조금 흘러나오는데 바로 그것이 피이지요.

피 하면 무조건 새빨간 피를 생각합니다. 사람의 피가 빨가니까요.

사람의 피가 빨갛게 보이는 것은 피 속에 헤모글로빈이라는 색소가 들어 있기 때문입니다.

하지만 바퀴 등 곤충의 피에는 헤모글로빈이 들어 있지 않아 투명하거나 초록색 또는 노란색을 띱니다. 무엇인가에 눌려 죽은 곤충의 몸에서 초록색, 노란색 등의 액체가 나오는데 그것이 바로 피이지요. 피는 피인데 사람의 피와 색깔만 다른 것입니다.

그럼 빨간 피를 가진 곤충은 없을까요?

수채 같은 더러운 물 밑의 흙을 들추면 빨간 실지렁이처럼 보이는 애벌레들이 엉겨 있습니다. 이들은 '깔따구'라는 모기 비슷한 곤충의 애벌레인 붉은장구벌레로, 몸빛이 빨갛게 보이는 것은 몸속에 헤모글로빈이 들어 있기 때문이랍니다.

[지금까지 아무도 몰랐던 80가지 동물·식물의 엄청난 능력 – 곤충]

수상 스키 선수 소금쟁이

소금쟁이가 가느다란 다리로 연못이나 개울 물 위를 쓱쓱 미끄러져 가는 모습을 보고 있노라면 영락없는 수상 스키 선수 또는 스케이트 선수라는 생각이 듭니다. 소금쟁이의 영어 이름이 pond skater(연못의 스케이트 선수), water strider(물 위를 활보하는 사람)인 까닭을 알 만하지요.

아무리 몸무게가 1g도 안 된다지만, 그래도 어떻게 물속에 빠지지 않고 물 위를 거침없이 걸을 수 있을까요?

소금쟁이는 3쌍의 다리를 가지고 있습니다. 짧은 앞다리는 머리head를 지탱하고, 물 위에 떨어지는 곤충을 잡는 데 쓰이며, 긴 가운뎃다리는 물을 밀고 나가는 데, 역시 긴 뒷다리는 방향方向을 잡는 데 쓰입니다.

그런데 다리 끝에 아주 가느다란 털이 나 있습니다. 털에는 기름샘에서 나온 기름oil이 묻어 있고요. 그래서 물에 젖지 않으며, 털 사이에 미세한 공기 방울이 형성되고 이 공기 방울과 물의 표면 장력이 서로 밀쳐 내기 때문에 소금쟁이가 물속으로 가라앉지 않는답니다.

그뿐인가요. 소금쟁이는 점프jump까지 한답니다. 물을 박차고 튀어 오르려면 수면水面에 큰 힘을 가해야 하고, 다시 물에 떨어질 때도 수면에 큰

> **표면 장력**
> 액체의 표면이 스스로 수축하여 되도록 작은 면적을 가지려고 하는 힘

힘이 들어가 물속으로 빠지기 십상일 텐데 말예요.

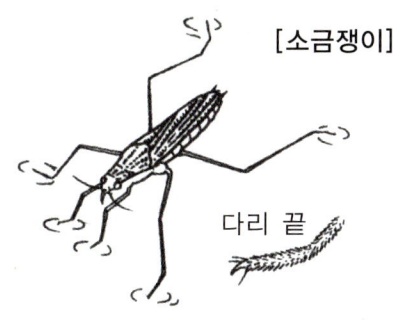
[소금쟁이]
다리 끝

그 비밀secret은 다리가 물을 찰 때의 속도에 있다고 합니다. 어떤 특별한 속도로 점프했다 낙하하면 물속에 빠지지 않는다는 거예요. 너무 빨라도, 너무 늦어도 안 되는 꼭 맞는 속도로요. 소금쟁이는 똑똑하게도 그 속도로 힘차게 물을 차고 올랐다 다시 물 위에 떨어진답니다.

사람도 소금쟁이처럼 하면 물 위에서 걷고 점프할 수 있을 것 같지요? 안타깝게도 사람은 몸무게가 워낙 많이 나가서 여간 어렵지 않답니다.

그래서 소금쟁이의 이 같은 운동運動 시스템을 모방한 수상 스포츠 기기와 로봇을 개발하려고 애쓰고 있습니다. 소금쟁이 스키, 소금쟁이 로봇이 완성되면 쓰임새가 아주 많을 거예요.

기뢰

기뢰 찾는 데에도 제격이지, 암~

물 위에서 신 나게 달리고 점프하고, 수중 생태계나 환경環境을 감시할 수 있고, 또한 어뢰 탐지, 기뢰 설치 또는 제거 등 군사용軍事用으로도 쓰이지 않을까요?

[지금까지 아무도 몰랐던 80가지 동물·식물의 엄청난 능력 - 곤충]

꿈틀꿈틀 자벌레를 흉내 낸 내시경

나비목 자나방과에 속하는 나방moth들의 애벌레를 자벌레라고 부릅니다. 자벌레는 몸이 가늘고 긴 원통형으로 가느다란 나뭇가지 비슷하게 생겼는데 몸빛도 나뭇가지의 색깔color과 비슷합니다. 그래서 나뭇잎을 갉아먹기 위해 나뭇가지에 붙어 있어도 다른 동물의 눈에 잘 띄지 않습니다. 이와 같이 자기를 보호하기 위해 생김새와 색깔을 주변 물체物體와 비슷하게 꾸미는 것을 '의태'라고 하지요.

자벌레는 가슴에 3쌍, 배에 1쌍의 발이 있을 뿐 가운데는 발이 없습니다. 그래서 이동할 때는 꽁무니를 머리 쪽에 갖다 대고 몸을 길게 늘였다 오므렸다 하며 꿈틀꿈틀 움직입니다. 마치 자ruler로 한 자 두 자, 또는 몸을 둥글게 고리처럼 말아서 한 뼘 두 뼘 재는 듯하지요. 자벌레란 이름name은 바로 이와 같이 자처럼 움직이고, 또 몸에 눈금이 나 있기 때문에 얻은 이름이랍니다.

자벌레의 독특한 이동 방법은 큰창자(대장)에 병病이 생기지 않았는지 검사하는 대장 내시경內視鏡 검사에 큰 도움을 주었습니다.

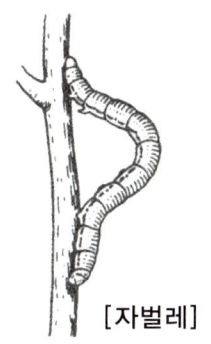
[자벌레]

내시경이란 우리 몸 내부를 의학적으로 검사하기 위해 만든 의료 기기로 '몸 안을 보는 거울mirror'이라고 할 수 있지요. 내시경은 대개 막대나 대롱 모양으로, 입이나 항문 등 우리 몸에 난 구멍을 통해 들여보내거나 수술手術로 신체를 쨴 다음 안으로 들여보내 살피게 됩니다.

내시경
내장이나 체강 내부를 관찰하는 기계를 두루 일컫는 이름. 기관지·위·복강·항문 등 검사하는 부위에 따른 종류가 있고, 직접 눈으로 보는 것, 사진 촬영을 하는 것, 유리 섬유에 의해 전달되는 것 등이 있다.

그런데 곧고 짧은 식도食道나 기관지를 검사하는 데는 별로 불편하지 않지만, 구불구불하고 복잡한 큰창자를 검사하는 데는 어려움이 많습니다. 어른 엄지손가락thumb 굵기의 긴 관을 항문을 통해 큰창자에 밀어 넣어 검사를 하기 때문에 자칫 내시경이 큰창자 벽에 부딪혀 배가 아프거나 불쾌한 기분氣分이 들 수도 있거든요.

이를 해결하기 위해 연구하던 우리나라 연구진이 자벌레의 이동 방법을 모방한 내시경을 개발하였습니다. 자벌레가 꿈틀꿈틀 기어가듯 내시경이 큰창자의 구불구불한 부분을 따라 부드럽게 움직이도록 하여 검사를 받는 사람들이 고통苦痛을 거의 느끼지 않게 한 것입니다.

나뭇잎leaf을 갉아 먹어 나무에 큰 피해被害를 주는 징그러운 벌레가 사람에게 멋진 아이디어를 주다니, 참 신기하지요?

밖에 나가 자벌레를 찾아보세요. 기다란 몸을 오므렸다 폈다 하며 열심히 움직이는 자벌레가 대견해 보일 거예요.

[지금까지 아무도 몰랐던 80가지 동물·식물의 엄청난 능력 – 곤충]

개미탑과 자연 냉방 건물

흰개미는 개미ant의 한 종류라고 생각하기 쉽습니다. 하지만 개미는 벌목에 속하는 데 비해 흰개미는 흰개미목에 속하며, 오히려 바퀴에 가깝지요. 사실 흰개미는 2만여 년 전 바퀴에서 나누어진 곤충이라고 합니다.

흰개미는 아주 추운 곳이 아니면 어디든지 살고 2,000여 종이 알려져 있는데, 특히 열대 지역인 아프리카Africa에 가장 많이 살고 있습니다.

흰개미의 주요 먹이는 죽은 나무입니다. 그래서 목조木造 건물이 많은 우리나라나 일본에서는 흰개미를 골칫거리로 여깁니다. 오래된 절이나 궁궐의 나무 기둥이 흰개미 떼의 습격을 받는다고 생각해 보세요. 잘못하면 지붕roof이 폭삭 내려앉을 수도 있잖아요.

사실 목재木材 속에는 섬유소(셀룰로오스라고도 해요)라는 질긴 물질이 들어 있는데 흰개미는 이것을 잘 소화하지 못합니다.

그런데 어떻게 목재를 갉아 먹고 사는지 의아하지요? 흰개미의 장 속에는 섬유소를 분해하는 곰팡이가 살거든요. 그 곰팡이의 세포 안에는 10만 마리의 박테리아가 살고요. 박테리아는 곰팡이가 분해한 섬유소에서 탄수화물을 빨아 먹고, 나머지 아미노산은 흰개미와 곰팡이에게 내줍니다.

섬유소
식물체의 세포막 주성분으로 식물 섬유를 구성한다. 사람이 섭취했을 때 소화관 내에서는 거의 분해되지 않아 에너지를 낼 수는 없지만 배변을 용이하게 하고 변비를 예방하는 효과가 있다.

목재를 갉아 먹는 해충이긴 하지만 흰개미는 우리 인간에게 놀라운 아이디어idea를 선물했습니다.

아프리카나 오스트레일리아에 사는 흰개미의 집은 높다란 탑tower 같은 특이한 모양을 하고 있어 흔히 '개미탑'이라고 불립니다. 흙, 나무, 침, 배설물 등을 섞어서 지은 이 탑 안에서 1만 마리에서부터 몇백만 마리에 이르는 흰개미가 모여 사는데, 이렇게 많은 개미가 함께 생활하는데도 불구하고 실내室內의 습도와 온도가 언제나 꼭 알맞은 상태를 유지한다고 합니다. 바깥 날씨가 아무리 더워도 한결같다니, 놀라운 일이지요.

그 비결이 무엇일까요? 가능한 한 탑을 높게 지어 더운 공기air는 위로 올라가게 하고 시원한 공기는 아래에 머물도록 합니다. 그리고 탑 아래위에 알맞게 구멍hole을 뚫어 자연스럽게 환풍이 이루어져 온도와 습도가 알맞게 유지되도록 하는 것입니다.

아프리카 짐바브웨의 건축가 마이크 피어스는 이처럼 신기한 흰개미집을 관찰한 끝에 짐바브웨의 수도 하라레에 세계 최초의 자연 냉방冷房 건물 이스트게이트 쇼핑 센터를 세웠습니다.

흰개미집처럼 건물 옥상屋上에 구멍을 뚫어 뜨거운 공기가 자연스럽게 올라갈 수 있도록 하고, 건물 바닥에도 구멍을 뚫어 찬 공기를 건물 안으로 끌어들였습니다. 이 건물은 최고 38도가 넘는 한여름 대낮에도 에어컨 없이 24도의 실내 온도를 유지한다고 합니다.

[지금까지 아무도 몰랐던 80가지 동물·식물의 엄청난 능력 - 곤충]

육각형 벌집의 비밀

서울 강남구 논현동에는 연한 잿빛의 벽에 지름 약 1m의 동그란 구멍 3,371개가 숭숭 뚫린 높이 70m(17층)의 어반하이브(Urban Hive)라는 건물이 있습니다. 어반하이브는 '도시의 벌집'이란 뜻이지요. 왜 이런 이름을 붙였을까요?

이 건물building은 철근을 정육각형으로 정밀하게 엮어 뼈대를 세운 다음 콘크리트를 채워 지은 콘크리트 건물입니다.

> **콘크리트**
> 시멘트에 모래와 자갈, 골재 등을 섞어 물에 반죽한 혼합물. 토목, 건축 공사의 구조 재료로 널리 쓰인다.

콘크리트는 그 자체가 무거워서 높은 건물을 세우기가 어렵습니다. 세계 어디를 가도 고층高層의 콘크리트 건물을 찾기는 쉽지 않지요. 그런데 어떻게 이렇게 높은 콘크리트 건물을 세울 수 있었을까요?

벌집을 모방한 덕분이랍니다.

꿀벌honeybee이 알을 낳고 먹이와 꿀을 저장하며 생활하는 벌집에는 일벌들이 분비한 밀랍으로 만든 정육각형의 방room이 여러 개 모여 있습니다. 벽의 두께가 0.1㎜ 정도로 매우 얇지만, 집 무게의 30배나 되는 꿀을 저장할 수 있고, 더욱이 꿀이 밖으로 흘러나오지 않도록 살짝 경사져 있답니다. 아주 적은 재료材料로 더없이 튼튼하고 넓고 편리한 집을 짓는 것이지요.

벌이 삼각형이나 사각형, 동그라미가 아닌 육각형六角形의 방을 만드는 까닭은 무엇일까요?

둘레의 길이가 같은 여러 도형 중에서 넓이가 가장 큰 것은 동그라미입니다. 하지만 동그라미를 이어 붙여 공간空間을 만들면 동그라미 사이사이에 틈새가 생깁니다. 또한 삼각형을 이어 붙여 똑같은 크기의 공간을 만들려면 삼각형의 수가 아주 많아야 합니다. 그럼 사각형은 어떨까요? 사각형은 삼각형에 비해 수가 적게 들고 틈새도 생기지 않지만 쉽게 비틀리거나 찌그러집니다. 외부外部의 힘이나 충격이 분산되지 않기 때문이지요.

그러나 육각형은 똑같은 개수個數로 가장 넓은 공간을 만들 수 있고, 틈새도 생기지 않습니다. 특히 외부의 힘이나 충격을 고루 분산시켜 쉽게 비틀리거나 찌그러지지 않는답니다.

꿀벌은 영리한 건축가야!

거참, 신기하네. 우리 집을 닮았어.

벌은 영리하게도 이 같은 정육각형의 특성特性을 알고 자기네 집을 지을 때 방의 모양을 정육각형으로 만들었던 것이지요.

이러한 벌집의 육각형 구조構造를 허니컴(honeycomb) 구조, 또는 우리말로 벌집 구조라고 합니다.

어반하이브는 바로 이 벌집 구조를 응용한 건물입니다. 더욱이 벽에 수많은 구멍을 뚫어 창window으로 활용함으로써 건축에 쓰이는 콘크리트 양을 줄이고, 그에 따라 건물의 무게를 줄임으로써 더욱 튼튼해진 것이지요.

벌집 구조를 활용한 예例는 건축물 말고도 수없이 많습니다. 고속 열차와 경주용 자동차car의 충격 흡수 장치, 가벼우면서도 튼튼해야 하는 제트기와 인공위성 등의 몸체 구조를 만드는 데도 응용됩니다.

우리 주위에서 흔히 볼 수 있는 포장 상자의 골판지도 벌집 구조를 활용한 것이랍니다. 정말인지 골판지 안을 잘 살펴보세요!

::휴대 전화와 벌집 구조

우리나라 국민 대부분이 사용하는 휴대 전화는 휴대폰, 이동 전화, 핸드폰 등으로 불립니다. 휴대 전화 또는 휴대폰은 휴대, 즉 가지고 다니는 전화란 뜻이고, 이동 전화는 이동하면서 통화하는 전화란 뜻이지요. 핸드폰은 '손 전화'라고도 하는데 우리나라에서만 부르는 이름이랍니다.

외국에서는 휴대 전화를 모바일(mobile : 이동하는) 폰, 셀 폰, 셀룰러 폰 등으로 부릅니다.

휴대 전화로 통화하려면 기지국이 있어야 합니다. 기지국은 낮은 출력의 무선 신호가 제대로 도달할 수 있도록 한 도시를 여러 개의 작은 셀(반경 5~10km)로 나눠 서비스 지역이 서로 약간씩 겹치는 셀 중심에 세웁니다. 그런 기지국이 서비스하는 지역을 그림으로 나타내면 마치 벌집 같은 모양이 됩니다. 그러한 벌집 하나하나를 셀(cell)이라고 하고, 셀을 바탕으로 하는 서비스를 '셀룰러(cellular)'라고 합니다. 셀 폰이니 셀룰러 폰은 여기서 생긴 이름이지요.

휴대 전화로 전화를 걸면 신호가 무선파를 타고 가까운 셀 기지국으로 가는데 기지국이 이 무선 신호를 이동 서비스 교환 센터로 보내 정규의 공중 전화망에 연결해 줍니다. A셀에서 B셀로 이동할 경우, 무선 신호를 A셀 기지국에서 B셀 기지국으로 넘겨 주기 때문에 전화가 끊어지지 않는 것이랍니다.

[지금까지 아무도 몰랐던 80가지 동물·식물의 엄청난 능력 – 곤충]

스스로 물을 만드는 사막의 풍뎅이

나미브 사막
나미브는 '아무것도 없는 땅'이라는 뜻이다. 하지만 이름과는 달리 다양한 야생 생물이 서식하고 있으며, 다이아몬드 산지로도 잘 알려져 있다.

아프리카 서남부 나미비아에는 해안을 따라 나미브 사막이 펼쳐집니다. 이 사막desert의 연평균 강수량降水量은 10~150㎜로 그마저도 봄·가을에 잠깐씩 폭탄처럼 퍼붓다가 뚝 그쳐 버립니다. 참고로, 우리나라의 연평균 강수량은 1,245㎜입니다.

그런데 이렇게 건조한 환경에서 스스로 물을 만들어 내며 꿋꿋하게 살아가는 풍뎅이가 있습니다. '스테노카라'라는 이 풍뎅이는 물을 모을 수 있는 일종의 우물well을 몸속에 갖고 있거든요.

이 풍뎅이는 이따금 언덕 위로 올라가 바다가 있는 쪽을 향해 물구나무를 섭니다. 강풍強風에 밀려오는 안개fog로부터 물을 얻기 위해서랍니다. 그런 자세로 있으면 몸에 물방울이 맺히고, 맺힌 물방울이 흘러내려 입속으로 들어간대요.

이 풍뎅이의 등back을 현미경으로 관찰하면 1㎜ 간격으로 지름 0.5㎜의 돌기가 촘촘하게 돋아 있습니다. 이 돌기

사막에서도 물은 필수!!

의 끝부분은 물과 친하지만, 돌기의 아랫부분은 물과 친하지 않은 소수성을 띱니다. 그러므로 안개 중의 수증기水蒸氣가 풍뎅이 등의 돌기 끝에 붙게 되고, 점점 커진 물방울은 자기 무게를 이기지 못하고 굴러떨어집니다. 이때 바닥 면이 물을 밀어내니 물방울은 물구나무 선 풍뎅이의 등을 타고 흘러내려 입 안으로 들어가지요.

장수풍뎅이

풍뎅이는 이런 식으로 수분水分을 보충하는 것입니다.

우리나라 연구진은 이 같은 풍뎅이의 물 생산生産 기술을 흉내 내는 실험을 했습니다. 산화알루미늄으로 풍뎅이 등처럼 수많은 돌기를 만들고, 물을 모으는 지점에는 홍합mussel이 분비하는 접착 단백질을 발랐지요. 홍합의 접착 단백질은 거친 바닷물 속에서도 바위에서 떨어지지 않을 만큼 접착력이 세거든요. 과연 공기 중의 수분이 모아져 0.4㎜ 크기의 물방울이 만들어졌답니다.

이 인공 풍뎅이 구조는 나날이 심각해지는 세계적인 물 부족 문제를 해결하는 데 도움help을 줄 수 있을 거라고 합니다. 물 부족 지역인 아프리카는 물론, 연간 강수량에 비해 인구人口가 많고 물 사용량이 많아 물 부족 국가인 우리나라에서도 풍뎅이의 아이디어를 활용하여 물을 만들게 될 날이 올지도 모르겠습니다.

[지금까지 아무도 몰랐던 80가지 동물·식물의 엄청난 능력 - 곤충]

헤라클레스장수풍뎅이의 천연 습도계

장수풍뎅이는 곤충 중에서 덩치가 가장 큽니다. 큰 덩치만큼이나 힘도 세어서, 자기 몸무게의 50배가 넘는 물건을 거뜬히 들고 끌 수 있답니다.

우리나라와 중국·일본 등 아시아Asia에 사는 장수풍뎅이는 몸길이가 3~8.5㎝로 몸통이 매우 굵고 뚱뚱합니다. 몸빛은 전체적全體的으로 밤색을 띠는데 수컷은 번쩍거리는 광택이 있지만 암컷은 수컷보다 검고 광택이 없습니다. 암컷은 이마에 3개의 짧고 뾰족한 돌기가 가로로 있고, 수컷은 이마에 굵고 긴 뿔horn이 돋아 있는데 그 길이가 몸길이의 절반 가까이나 될 만큼 길며, 끝이 나뭇가지처럼 갈라져서 마치 사슴deer의 뿔 같지요. 장수풍뎅이는 머리가 옛날 장수들이 쓰던 투구를 쓴 모양이라서 '투구벌레'라고도 불립니다.

헤라클레스장수풍뎅이
머리와 앞가슴등판에 각각 하나씩 모두 2개의 뿔이 달려 있다. 뿔의 길이가 뿔을 제외한 몸의 길이보다 길다.

그런데 남아메리카에 사는 헤라클레스장수풍뎅이는 몸길이가 18㎝에 몸무게가 40g이나 되는 것도 있을 만큼 거대합니다. 지구earth 상에서 가장 큰 곤충이라고 할 수 있지요.

이 헤라클레스장수풍뎅이는 별난 특성特性을 가지고 있습니다. 카멜레온처럼 몸빛이 변하거든요. 카멜레온은 자기 몸을 보호하기 위해 주변의 색깔color에 맞추어 몸빛을 바꾸는데, 헤라클레스장수풍뎅이도 마찬가지일까요?

아닙니다. 헤라클레스장수풍뎅이의 몸빛이 변하는 것은 습도濕度때문이랍니다. 헤라클레스장수풍뎅이의 껍데기 내부에는 약 275나노미터 크기의 아주 미세한 칸을 가진 바둑판 무늬 막이 겹겹이 쌓여 있습니다. 습도가 높아지면 헤라클레스장수풍뎅이의 껍데기에 공기air 중의 수분水分이 스며들어 바둑판 무늬 막의 칸을 채웁니다. 그러다 습도가 낮아지면, 즉 공기가 건조해지면 칸을 채웠던 수분이 날아가 칸이 텅 비게 됩니다.

헤라클레스장수풍뎅이

그런데 햇빛sunlight이 헤라클레스장수풍뎅이의 껍데기를 비추면 칸 속에 있는 수분의 양에 따라 반사하는 빛의 색깔이 변하고, 따라서 몸빛이 바뀌는 것처럼 보인답니다. 즉, 습도가 낮아 수분이 적을 때는 누런 갈색을 띠다가, 습도가 올라가 수분이 많아지면 검은색으로 바뀌는 것입니다.

우리나라 연구진은 이 같은 헤라클레스장수풍뎅이의 몸빛 변화變化를 모방하여 습도계를 개발했다고 합니다. 내부에 전원 장치가 없이 나노 센서를 이용한 습도계이지요.

남아메리카의 희귀한 곤충이 신기한 습도계를 발명하게 하다니, 여러분도 주위의 곤충을 잘 관찰해 보세요!

[지금까지 아무도 몰랐던 80가지 동물·식물의 엄청난 능력 – 곤충]

아프지 않은 주사기와 모기

감기에 걸리거나 해서 주사注射를 맞으면 잠시 동안이기는 하지만 무척 아픕니다. 어른, 아이 할 것 없이 주사 맞기를 겁내는 것도 당연하지요. 하지만, 모기mosquito에게 물리면 따끔하다 싶을 정도입니다. 가렵고 부어오르는 것을 보고서야 모기에게 물린 사실을 깨닫는 경우도 있지요.

왜 똑같이 바늘needle이 피부를 뚫고 들어가는데 한쪽은 통증이 심하고 다른 한쪽은 통증이 덜할까요?

모기는 뇌염, 말라리아, 황열, 뎅기열 등 여러 가지 무서운 질병을 옮기는 해충입니다. 대부분의 암컷이 물 표면에 낳은 알을 성숙시키기 위해 혈액성 먹이를 필요로 하는데, 사람을 무는 것도 피를 빨기 위해서이지요.

모기에 물렸을 때 가려운 것은, 모기가 침으로 피부를 찌른 뒤 피의 응고를 막는 물질을 넣어 피가 굳지 않게 하면서 혈액血液을 빨아들이는데, 이때 함께 들어간 세균virus과 이를 막으려는 백혈구 사이에 치열한 전투가 벌어지기 때문이랍니다.

고성능 현미경으로 찍은 모기 사진picture을 보면 길쭉한 주둥이의 표면이 자잘한 톱니 모양으로 되어 있습니다. 모기가 물 때, 이 들쭉날쭉한 주

> **뎅기열**
> 주로 열대 지방에서 모기에 의해 옮겨지는 바이러스성 전염병. 발열, 극심한 두통, 근육통, 발진 등의 증상을 보인다.

둥이의 끝부분만 피부와 접촉하기 때문에 접촉하는 면적面積이 매우 적어서 아픔을 덜 느끼는 것이라고 합니다. 이와 달리 매끄러운 주사 바늘은 피부와 접촉하는 면적이 커서 훨씬 더 아픔을 느끼게 되는 것이고요.

일본의 한 연구진은 바로 이 같은 모기의 흡혈吸血 기술을 빌려 끝이 톱니 모양인 주사 바늘을 개발했습니다. 당연히 주사 맞을 때의 아픔이 많이 줄었지요.

독poison이 든 침으로 사람을 괴롭히는 모기가 그 침으로 사람에게 도움을 주다니, 참으로 재미있지 않나요?

타산지석他山之石이라는 말이 있어요. 남의 산의 돌stone, 즉 하찮은 남의 말이나 행동일지라도 자신을 수양하는 데 도움이 된다는 말이지요.

아무리 하찮은 곤충이라도 잘 살펴보면 배울 점이 많답니다.

[지금까지 아무도 몰랐던 80가지 동물·식물의 엄청난 능력 - 곤충]

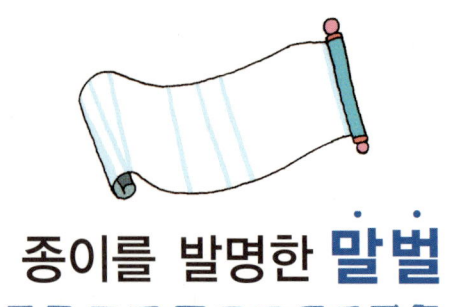

종이를 발명한 말벌

조상의 산소grave를 깨끗이 다듬는 것을 '벌초伐草'라고 합니다. 대부분 추석을 앞두고 벌초를 하는데, 그 무렵만 되면 벌초하던 사람이 말벌에 쏘여 병원에 실려갔다는 뉴스가 나오곤 합니다.

벌bee은 먼저 건드리지 않으면 절대로 사람을 쏘지 않습니다. 그러나 벌집을 건드리거나, 벌을 쫓으려고 나뭇가지를 휘두르거나 하면 벌은 자기를 공격하는 줄 알고 끈질기게 따라와 침을 쏜답니다.

벌에 쏘이면 부어오르면서 쿡쿡 쑤시고 몹시 따갑고 아픕니다. 벌의 침 속에 독毒이 들어 있기 때문이지요. 이 독은 '폼산'으로 산성酸性입니다. 그러므로 벌에 쏘였을 때는 알칼리성인 암모니아수를 바르면 잘 낫는답니다. 그런데 말벌의 침은 독성이 꿀벌의 550배나 강해서 말벌에 쏘여 죽는 사람도 있습니다.

말벌은 꽃가루나 꿀honey을 먹고 사는 꿀벌과 달리 작은 곤충을 사냥합니다. 사냥한 것은 잘게 씹어서 덩어리로 만들어 집으로 가져가 애벌레에게 먹이지요. 애벌레는 거기서 단백질protein을 흡수하고, 남은 탄수화물은 액체 상태로 몸속에 담아 둡니다. 그러면 말벌이 애벌레를 자극해 몸속의

> **폼산**
> 개미나 벌 등의 체내에 있는 지방산. 무색의 자극적인 액체로 피부에 닿으면 몹시 아프고 물집이 생긴다. 흔히 '개미산'이라고 한다.

나무껍질로 집을 만들어?

액채를 토해 내게 한 다음 그 액체를 마십니다. 하지만 그것만으로는 탄수화물이 부족합니다. 애벌레일 때는 주로 단백질이 필요하지만, 어른벌레가 되면 활동에 필요한 에너지energy를 만드는 탄수화물이 많이 필요하거든요. 그래서 나무의 수액樹液이나 꿀 등으로 보충합니다.

말벌은 집을 짓는 방법도 꿀벌과 완전히 다릅니다. 꿀벌의 일벌은 배 아래쪽에서 노란 밀랍을 분비해 육각형 방room들로 이루어진 튼튼한 벌집을 지어 그곳에 꿀을 저장하고 새끼를 키우는데, 말벌은 나무껍질을 씹어

[채윤]

서 종이로 만들어 집을 짓습니다.

이러한 말벌의 집 짓기 방법을 모방한 꾀보가 있습니다. 중국中國 후한의 채윤이란 사람입니다. 고대 중국의 4대 발명품인 나침반, 화약, 인쇄술, 종이 중 종이를 발명한 사람이지요.

그때까지 중국에서는 대나무bamboo를 쪼개 이은 것이나 나무판자, 값비싼 비단 등에 글씨를 썼는데, 옮기기도 불편하고 보관하기도 어려울 뿐만 아니라 무엇보다도 돈money이 많이 들었습니다.

105년, 채윤은 우연히 말벌 집을 보고 말벌이 집 짓는 방법을 흉내 내어 보았습니다. 비단 제품을 만들 때 생기는 조각, 나무껍질, 낡은 그물 따위를 잘게 잘라 물water에 녹인 다음 대나무로 만든 시렁에 얹어 말리니 글씨를 쓰기에 딱 좋은 가볍고 질기며 매끄러운 종이paper가 탄생했지요.

이 종이는 채윤이 발명했다 하여 '채후지'라고 불립니다.

채윤의 종이 제조 방법은 유럽Europe으로까지 전해져, 인류人類의 학문과 예술 발전에 큰 영향을 미쳤습니다.

지금까지 아무도 몰랐던 80가지 동물·식물의 엄청난 능력

식물

　생물계는 크게 두 갈래로 나뉩니다. 동물과 식물이지요. 식물은 대부분 이동력이 없으며, 구조가 비교적 간단하여 신경과 감각이 없고, 셀룰로오스를 포함한 세포벽과 세포막이 있습니다. 세균 식물이나 균류를 제외하고는 대체로 엽록소를 가지고 있어 광합성으로 영양을 보충하고, 꽃과 홀씨주머니 등의 생식 기관이 있습니다. 종자식물, 양치식물, 선태식물, 조류(藻類), 균류, 세균 식물 따위로 분류합니다.

[지금까지 아무도 몰랐던 80가지 동물·식물의 엄청난 능력 – 식물]

도꼬마리의 번식 방법과 찍찍이

살아 있는 생물生物 대부분이 자손을 퍼뜨리기 위해 애씁니다. 몸을 움직일 수 있는 동물은 짝을 찾아 다닐 수 있어 자손을 퍼뜨리기가 쉽지만, 마음대로 움직이지 못하는 식물植物은 어떻게 자손을 퍼뜨릴까요?

식물은 바람이나 물, 사람 등 다른 무엇인가의 도움을 받거나, 혹은 스스로 씨앗seed을 멀리 날려 보내기도 합니다. 또한 도꼬마리, 도깨비바늘, 도둑놈의갈고리, 쇠무릎 등의 씨앗은 동물의 몸에 달라붙어 다른 곳으로 이동한 다음 그곳에서 자손을 퍼뜨립니다.

이들 씨앗을 잘 살펴보면 동물의 몸에 잘 달라붙을 수 있도록 갈고리 모양으로 되어 있습니다. 여기서 힌트를 얻어 우리 생활生活에 편리한 발명품을 만들어 낸 사람이 있습니다. 스위스의 전기 기술자 조르주 드 메스트랄이지요.

메스트랄이 개dog를 데리고 사냥을 나갔다 돌아와 보니 자신의 옷에도 개의 몸에도 온통 씨앗이 붙어 있었습니다. 도꼬마리 열매였어요. 손hand으로 털어도, 옷을 벗어 훌훌 털어도 도꼬마리 열매는 좀처럼 떨어지지 않

도꼬마리
국화과의 한해살이풀. 높이는 1.5m 정도이며, 전체에 거친 털이 많이 나 있다. 들이나 길가에서 자란다.

았습니다. 손으로 일일이 떼어 내야 겨우 떨어지는데, 그것도 말끔히 떨어지는 게 아니었어요.

'도대체 어떻게 생겼길래 이렇게 끈질기지?'

메스트랄은 현미경으로 도꼬마리 열매를 살펴보았습니다.

'아하! 갈고리 모양으로 생겨서 그렇구나! 이거 아주 멋진wonderful 아이디어인데. 이 좋은 아이디어를 어디 쓸 데 없을까?'

이때부터 갈고리 모양의 씨앗이 메스트랄의 머릿속을 떠나지 않았습니다. 무엇인가를 붙이는 데 이용하면 안성맞춤일 듯했거든요.

몇 년에 걸친 연구硏究와 실험 끝에 메스트랄은 어느 섬유 기술자의 도움을 받아 '로킹 테이프(locking tape)'라는 이름의 접착 테이프를 만들었습니다. '잠그는 테이프'란 뜻으로 알 수 있듯이 한쪽은 갈고리 모양, 다른 한쪽은 고리 모양으로 만들어 잠글 수 있게 한 순면純綿 테이프였어요. 그런데 몇 번 떼었다 붙였다 하자 더 이상 잘 붙지 않았습니다. 순면으로 만든 것이라 금방 망가졌기 때문이지요.

메스트랄은 다시 연구와 실험을 거듭한 끝에 반영구적半永久的인 나일론nylon 접착 테이프를 만들어 냈습니다.

메스트랄은 이 테이프에 대한 특허권特許權을 따내고 '벨크로(Velcro)'라는 이름을 붙였습니다. 프랑스어 velours와 crochet을 합친 이름이었어요. velours는 거죽에 부드러운 털이 돋게 짠 우단, 즉 벨벳을, crochet는 갈고리를 뜻합니다.

단추button나 끈으로 잠그는 것보다 훨씬 더 편리하고 성능도 좋은 벨크로 테이프는 불티나게 팔려 나갔습니다.

붙였다 뗄 때마다 '찍찍' 소리가 난다고 하여 흔히 '찍찍이'라고 불리는 벨크로 테이프는 신발, 장갑, 가방, 수첩, 아기 기저귀, 옷 등등 갖가지 생활용품에 두루 쓰이고 있으며, 우주복宇宙服에까지도 쓰이고 있습니다.

:: 이 세상에 식물이 없으면 어떻게 될까?

지구 상에서 살아가는 생물은 크게 동물과 식물로 나눌 수 있습니다.

동물은 다리나 날개 등이 있어 자유롭게 옮겨 다니며 다른 생물로부터 양분을 얻어 살아갑니다.

하지만 식물은 한곳에 뿌리를 내린 채 움직이지 못하며, 스스로 양분을 만들어 살아갑니다. 뿌리를 통해 물과 양분을 흡수하고, 잎에서 햇빛을 받아 광합성을 하여 양분과 산소를 만들지요. 또한 스스로 움직이지 못하는 만큼 씨나 홀씨(포자)로 자손을 퍼뜨립니다.

만약 지구 상에서 식물이 모두 사라진다면 동물은 어떻게 될까요? 어떤 동물도 살 수 없을 것입니다. 동물은 식물이나, 또는 식물을 먹고 사는 동물을 먹으며 살아가니까요. 모든 동물이 식물 덕분에 살아가는 셈이지요. 그러니 식물이 사라지면 동물 또한 사라질 수밖에 없답니다.

동물이 식물을 먹고 산다고 해서 식물에게 해로운 것만은 아닙니다. 나비나 벌 같은 곤충은 식물의 수분(가루받이)을 도와 씨가 맺히게 하고, 토끼나 다람쥐 등은 털에 어떤 식물의 씨를 묻혀 멀리멀리 퍼뜨려 줍니다. 또 새 같은 동물은 식물의 씨를 먹고 멀리 날아가서 똥을 눔으로써 씨를 퍼뜨려 주기도 하지요.

식물과 동물은 먹고 먹히는 사이인 동시에 서로 도우며 함께 살아가는 사이입니다.

[지금까지 아무도 몰랐던 80가지 동물·식물의 엄청난 능력 – 식물]

나무를 모방한 빙빙 돌아가는 빌딩

아랍 에미리트
페르시아 만 남쪽 기슭에 있는 연방국. 세계적인 산유국이며 수도는 아부다비

아랍 에미리트(UAE) 두바이에 '다이내믹 타워(Dynamic Tower)'라는 80층 높이(약 420m)의 건물이 세워졌습니다. 이 건물은 이스라엘 출신의 이탈리아 건축가 데이비드 피셔가 설계하였는데 아래쪽은 나무 밑동을, 위쪽은 나뭇가지와 잎leaf을 닮았습니다. 나무의 구조를 모방한 것이라고 하거든요.

이 건물은 건축 역사歷史에 길이 남을 특별한 건축물입니다. 무엇보다도 각 층이 저마다 따로따로 다른 방향方向과 속도로 계속 회전하는 것이 특이합니다. 각 층은 1분에 최대最大 6m 움직이며 1시간 30분에 한 바퀴 회전하지요. 그러므로 건물의 겉모습이 시시각각時時刻刻 변하는 놀라운 기적miracle이 일어납니다.

예부터 2층 이상의 건물을 지을 때는 아래에서 위로 한 층 한 층 쌓아 올려 모든 층이 하나로 붙게 만들었습니다.

나무는 마음을 편하게 해 주.

하지만 이 건물은 공장에서 만든 각 층을 옮겨와 장난감 블록block을 쌓듯이 차례차례 조립하였습니다. 건축 현장에서 직접 지은 것은 중심 부분뿐이지요. 이 때문에 각 층은 다른 층과 분리되고, 저마다 회전할 수 있게 된 것입니다. 각 층에는 상하수도上下水道 및 전기 설비, 화장실, 부엌까지 완벽하게 갖추어져 있답니다.

[시시각각 변하는 다이내믹 타워]

또한 이 건물은 자체적으로 전기를 만들어 쓰는 '녹색green 빌딩' 입니다. 층과 층 사이에 바람으로 돌아가는 풍력風力 터빈이 있어 풍력 발전을 하고, 지붕에 태양광太陽光 패널을 설치하여 태양광 발전도 하거든요. 여기서 만들어지는 전기로 이 빌딩에서 필요한 전기를 충당할 뿐만 아니라, 남는 전기는 다른 빌딩에 공급한다고 합니다. 녹색 식물이 햇빛sunlight을 이용하여 이산화탄소와 물water로부터 자기가 살아가는 데 필요한 유기 화합물을 합성하는 광합성과 비슷한 원리인 셈이지요.

만물萬物의 영장인 사람이라도 자연에게 배울 점이 많음을 알려 주는 그야말로 다이내믹한 이 건물은 '다빈치 타워'라고도 불립니다. 미술은 물론 건축, 과학 등 여러 방면에서 천재성을 발휘한 레오나르도 다빈치만큼이나 뛰어난 건물이라는 의미 아닐까요?

[지금까지 아무도 몰랐던 80가지 동물·식물의 엄청난 능력 – 식물]

무서운 육식 식물, 파리지옥

'식물植物이 동물을 잡아먹는다.'

제 힘으로는 태어난 자리를 거의 벗어나지 못하는 식물이 제 마음대로 움직이는 동물을 잡아먹을 수 있을까요?

식물 중에는 놀랍게도 벌레를 잡아먹는 식물이 있습니다. 이런 식물을 '벌레잡이 식물' 또는 '식충食蟲 식물' 이라고 하지요.

파리지옥은 대표적인 벌레잡이 식물입니다.

미국 노스캐롤라이나와 사우스캐롤라이나 주의 일부 지역이 원산지인 파리지옥은 끈끈이귀갯과의 여러해살이풀로 축축하고 이끼가 낀 곳에서 잘 자랍니다. 키가 20~30㎝인 곧추서는 줄기 끝에 흰색white의 작은 꽃이 둥글게 무리 지어 피며, 열매는 다 익은 뒤에 말라 쪼개지면서 씨를 퍼뜨립니다.

잎은 길이가 8~15㎝인데 중심선中心線에 경첩 모양으로 달려 있어, 2개의 잎을 펼치면 동그라미circle에 가까운 모양이 됩니다. 또한 잎 가장자리에 가시 같은 톱니

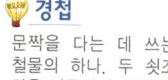
경첩
문짝을 다는 데 쓰는 철물의 하나. 두 쇳조각을 맞물리어 만든다.

[먹잇감을 잡은 파리지옥]

가 나 있으며, 잎에 곤충이 앉으면 두 잎이 서로 포개어져 곤충이 잎 안에 갇히게 됩니다. 잎마다 3개씩 모두 6개의 감각모感覺毛가 있어, 이 감각모에 곤충이 닿자마자, 즉 불과 1.5초도 안 되는 사이에 잎이 닫히는 것이지요. 그리고 잎 표면의 샘에서 붉은 수액을 분비하여 약 10일 동안에 걸쳐 사냥한 곤충을 소화합니다. 잎 전체가 붉은색의 꽃flower처럼 보이는 것은 이 수액 때문이랍니다.

[두 잎을 포갠 파리지옥]

감각모
식충 식물의 잎 표면에 나 있는, 자극을 받으면 반응을 일으키는 털 모양의 것. 포유류의 입꼬리나 눈 위에도 감각모가 있어 촉각·후각·청각을 느낀다.

곤충을 다 소화하고 나면 다시 잎이 열리는데, 곤충을 3~4마리 잡은 후에는 잎도 시든답니다.

파리지옥이란 이름은 곤충, 특히 파리가 이 식물에 잘 잡히기 때문에 생긴 이름이랍니다. 파리에게는 그야말로 지옥hell인 셈이잖아요.

전 세계 과학자들이 파리지옥에 큰 관심을 쏟고 있습니다. 잎이 닫히는 엄청난 속도速度 때문이지요.

파리지옥의 잎은 수액이 한꺼번에 몰리면서 모양이 바뀝니다. 그런데 수액보다 더 큰 이유reason가 있음이 밝혀졌습니다. 잎 자체의 구조적 특성 때문이랍니다.

파리지옥의 잎을 이루는 섬유질은 한 층은 가로 방향方向으로, 다른 층은 세로 방향으로 배열되어 있습니다. 평소에는 가로 방향의 섬유질이 잎 모양을 만들어 밖으로 벌어져 있다가, 파리가 닿으면 수액이 흐르면서 순식간瞬息間에 세로 방향의 섬유질이 잎 모양을 만들어 잎이 닫힌다는 것입니다.

과학자들은 파리지옥의 잎처럼 순식간에 모양이 변하는 물질을 만들면 로봇robot이나 인공人工 근육 등 다양한 곳에 이용될 것으로 내다보고 있습니다.

한편, 벌레잡이 식물로는 파리지옥 말고도 끈끈이주걱, 끈끈이귀이개, 벌레잡이제비꽃, 벌레잡이통풀, 통발 등이 있습니다.

끈끈이주걱, 끈끈이귀이개, 벌레잡이제비꽃은 끈끈한 액을 내어 벌레가 들러붙게 하고, 벌레잡이통풀과 통발은 작은 항아리 모양의 통 또는 주머니 속에 벌레가 빠지게 합니다.

[파리가 앉은 끈끈이주걱]   [파리를 휘감고 있는 끈끈이주걱]

:: 5천 년이나 사는 바오바브나무

아프리카 마다가스카르 섬 남부 건조 지대와 케냐 등 열대 아프리카의 일부 지역에서 자라는 바오바브나무는 아프리카 사람들이 신성하게 여기는 나무 중 하나로 나이가 5천 년이나 되는 것도 있다고 합니다. 천 년 이상을 산다는 은행나무는 비교도 되지 않을 만큼 오래 사는 나무이지요.

이 나무에는 재미있는 전설이 어려 있습니다. 신이 나무를 심을 때 잘못해서 거꾸로 심었다는 것입니다. 나무 윗부분에 몰려 있는 줄기가 마치 뿌리 같아, 정말 나무를 거꾸로 심은 것처럼 보이지요.

나무의 덩치도 커서 높이 20m, 가슴 높이 둘레 10m, 퍼진 가지 길이 10m 정도나 되며, 원줄기는 마치 거대한 술통처럼 생겼습니다. 원줄기가 얼마나 거대한지 구멍을 뚫어 사람이 들어가 살 정도이지요. 구멍 속에 시체를 묻기도 한답니다.

바오바브나무의 열매는 길이 20~30㎝에 털이 있고 딱딱한 수세미 외처럼 생겼는데, 쥐가 매달린 것같이 보이기도 합니다. 그래서 죽은쥐나무(dead rat tree)라는 별명도 있지요.

세계적인 베스트셀러 〈어린 왕자〉에는 바오바브나무가 어린 왕자의 작은 별을 파괴할 수도 있는 무서운 나무로 묘사되어 있습니다.

[지금까지 아무도 몰랐던 80가지 동물·식물의 엄청난 능력 – 식물]

언제나 청결한 연잎과 스마트폰

  연잎이나 튤립tulip의 잎처럼 매끈매끈한 잎에 비rain가 내리면 잎이 비에 젖지 않습니다. 비가 동그란 물방울로 변해 공처럼 잎 위를 굴러다니다가 미끄러져 떨어집니다. 이 과정에서 잎 표면의 먼지가 물방울에 쓸려 함께 떨어져 내려 잎이 깨끗해지지요.

  독일의 식물학자 빌헬름 바르트로트는 전자 현미경으로 연잎을 살펴보다 표면表面에 솜털 같은 미세한 돌기가 나 있는 것을 발견했습니다. 손으로 만지거나 눈으로 보기에는 완전히 편평할 것 같은데 말예요. 이 돌기 때문에 연잎의 표면 장력이 엄청나게 커져 연잎에 떨어진 물이 구슬 모양으로 뭉쳐집니다. 표면 장력은 액체liquid의 표면을 작게 하려고 작용하는 힘이잖아요. 물방울은 수은처럼 굴러가면서 연잎 표면의 먼지dust와 박테리아, 곰팡이를 쓸어 줌으로써 연잎이 늘 깨끗한 상태를 유지하게 되는 것입니다. 바르트로트는 이러한 작용을 '연잎 효과'라고 이름 지었습니다. '로터스 효과'라고도 하지요. 연꽃은 영어로 로터스(lotus)입니다.

  연잎 효과는 독일 정부가 선정한 50대 발명품 중에 포함될 만큼 우수한 기술技術로 여러 방면에서 응용되고 있습니다.

'나노텍스(Nanotex)'란 섬유는 표면에 소수성을 띠는 나노 고분자 물질로 보푸라기를 만들어 붙여 연잎 효과를 낸 섬유입니다. 음료수飮料水를 먹다 쏟아도 손으로 툭툭 털기만 하면 저절로 굴러떨어지지요.

'로터산(Lotusan)'이라는 페인트도 연잎 효과를 응용한 것입니다. 이 페인트를 칠한 벽이나 담장이 더러워지면 물만 뿌려 주면 됩니다. 비가 오면 물을 뿌릴 필요必要도 없고요.

비가 오면 잎이 깨끗해져~

변기 표면에 나노 돌기를 씌운 것도 있습니다. 이때 은나노 입자, 산화티타늄 나노 입자 등을 섞으면 항균 기능까지 갖게 되지요.

소수성
물을 빨아들이지 않는 성질

스마트폰, 디지털카메라, 태블릿 PC 등 휴대용 전자 기기는 물에 약하다는 단점短點이 있습니다. 실수로 세탁기에 넣거나 물을 쏟았을 경우 대부분 제대로 작동하지 않지요. 그래서 물에 젖어도 제대로 작동하는 선사 소자가 개발되었습니다. 나노 물질을 전자 소자 표면에 입힌 것이지요. 전자 기기의 내부 부품들 스스로 물을 방어하는 기능을 갖게 된 것입니다.

스마트폰이 연잎의 도움help을 받아 더욱 안전해지다니, 아무리 과학이 발달해도 자연의 무궁무진한 능력을 무시할 수는 없나 봅니다.

[지금까지 아무도 몰랐던 80가지 동물·식물의 엄청난 능력 – 식물]

하늘을 나는 민들레씨와 낙하산

봄이 되면 우리나라 어디에서나, 도시에서조차 노랑 또는 하양 꽃을 피우는 민들레dandelion는 국화과의 여러해살이풀입니다. 줄기가 없이 밑동에서 기다란 양날 톱 모양의 잎이 곧바로 나오므로 키가 작지요. 그래서 '앉은뱅이'라는 별명別名도 갖고 있답니다.

민들레꽃은 여러 꽃이 꽃대 끝에 모여 머리head 모양을 이루어 마치 한 송이처럼 보입니다. 우리가 한 송이라고 생각하는 꽃은 실은 수많은 꽃의 무리인 셈이지요. 이렇게 큰 꽃처럼 보여야 벌이나 나비butterfly 등 곤충의 눈에 잘 띄어 수분(가루받이)을 할 수 있거든요.

그런데 혹시 곤충이 날아오지 않을 때는 큰 꽃 안에 같이 들어 있는 수꽃과 암꽃이 스스로 수분을 해서 씨를 만들기도 한답니다.

꽃이 지면 씨가 맺히는데 민들레의 씨에는 갓털이라는 하얀 솜털이 붙어 있어 바람wind이 불면 하늘로 떠올라 멀리멀리 흩어집니다. 그래서 자손을 여기저기 퍼뜨리는 것이지요.

공중에서 사람이나 물건이 안전하게 착륙하는 데 쓰는 낙하산落下傘은

> **수분**
> 종자식물에서 수술의 꽃가루가 암술머리에 옮겨 붙는 일. 가루받이, 꽃가루받이라고도 한다.

바람을 타고 하늘을 나는 민들레씨를 보고 만든 것이랍니다. 둘을 비교해 보면 모양도 비슷합니다.

높은 곳에서 아무 장비 없이 아래로 떨어지면 가속도加速度가 붙어 땅에 닿을 때 충격을 받아 다치기 쉽습니다. 안전하게 내려와 땅ground에 닿으려면 공기의 저항을 크게 만들어 속도를 줄여 천천히 내려와야 합니다. 그래서 바람을 타고 사뿐히 내려앉는 민들레씨를 모방한 것이지요.

낙하산이 처음으로 사용된 것은 1306년경 중국China으로 추정되는데,

실용적으로 쓰인 것은 1802년에 프랑스France의 A. J. 가르느랭이란 사람이 높이 1,000m의 기구(氣球)에서 안전하게 땅으로 내려온 것이 처음입니다.

현재의 낙하산은 명주나 나일론nylon 같은 가볍고 질긴 섬유로 만들어지며, 종류種類는 용도에 따라 군사용과 일반용, 사람용과 물자용, 사용 장소에 따라 공중용과 지상용이 있습니다.

일반용은 고공高空에서 낙하하여 공중에서 자유로운 동작을 하다가 일정한 고도高度에서 낙하산을 펼쳐 목표 지점에 정확히 착륙하는 스포츠인 스카이다이빙용, 조난자 구조를 위한 구조 요원이나 구조 물자의 투하용, 우주선의 회수 등에 이용되고 있습니다.

기구
공중에 높이 올리기 위하여 수소나 헬륨 등 공기보다 가벼운 기체를 넣어서 밀폐한 큰 주머니

:: 한겨울에도 씩씩한 로제트 식물

[질경이]

　추운 겨울이 다가오면 동물도 식물도 겨울 준비를 합니다.
　곰, 다람쥐, 고슴도치, 개구리, 뱀 등은 아예 활동을 멈추고 동면(겨울잠)에 들어가고, 곤충들은 알이나 번데기, 애벌레 상태로 겨울을 나며, 대부분의 식물은 잎을 떨어뜨리고 겨울눈을 준비하여 추운 겨울을 견딥니다.
　그런데 한겨울에도 여린 잎을 가진 풀들이 땅 위에 바짝 붙어 동그란 모양을 이루고 있는 것을 볼 수 있습니다. 질경이, 민들레, 냉이, 꽃다지, 고들빼기, 달맞이꽃, 방가지똥 등이 그렇지요. 이들은 그 모양이 마치 장미꽃 같아 '로제트(rosette) 식물', 또는 깔고 앉는 방석 같아 '방석 식물'이라고도 불리는 두해살이풀 또는 여러해살이풀입니다.
　이들은 대개 가을에 싹이 나와 겨울을 나고 봄에 꽃을 피우는데, 일찌감치 싹을 틔우고 잎을 내어 자리를 잡은 만큼, 봄이 되면 그제서야 싹을 틔워 자라는 것들보다 훨씬 빨리 자라고 일찌감치 꽃을 피우지요.
　이들은 줄기가 매우 짧아 뿌리에서 잎이 바로 나온 것처럼 보입니다. 땅에 바짝 붙어 있어 찬바람도 덜 타고, 동물이 밟아도 쉽게 죽지 않으며, 양 같은 초식 동물이 뜯어 먹기에 불편합니다.
　또한 햇볕을 최대한 많이 받으려고 잎이 서로 겹치는 부분이 없게 활짝 펼치고 있습니다. 살기 위해 지혜롭게 환경에 적응한 것이지요.

[지금까지 아무도 몰랐던 80가지 동물·식물의 엄청난 능력 – 식물]

공기 청정기, 관엽 식물

화학 물질을 사용한 건축 자재나 벽지, 가구, 카펫 등이 실내에 휘발성 유기 화합물을 내뿜어 실내 공기의 질이 나빠져 큰 문제가 되고 있습니다. 실내 공기의 오염汚染은 신체적·정신적 건강에 나쁜 영향을 미칩니다. '빌딩 증후군'이나 '새집 증후군'은 바로 실내 공기의 오염으로 인해 생겨나는 증상이지요.

빌딩 증후군이란 1980년대 초 세계 보건 기구(WHO)에서 처음으로 사용한 용어用語로 건물 내의 오염된 공기로 인해 신체적·정신적 불편함을 일으키는 집단적 신경 증상을 가리킵니다. 예전에는 알레르기를 일으키는 곰팡이 먼지나 담배 연기에서 나오는 일산화탄소 등이 실내 공기 오염의 주요 요인이었는데 요사이는 건축 자재나 가구 등에서 방출되는 벤젠, 폼알데하이드, 솔벤트 등의 화학 물질, 냉각탑 같은 인공人工 시설물에 의해 실내로 들어온 레지오넬라균 등 미생물이 더 큰 요인이라고 합니다.

새집 증후군은 새로 지은 건물에서 생활하는 사람들에게 나타나는 증상입니다. 건축 자재나 벽지에 포함되어 있는 화학化學 물질이 실내로 방출되어 두통, 알레르기, 코 막힘 등을 일으키는 것이지요. 오래된 건물에 비해 유해한 화학 물질이 훨씬 더 많이 방출되기 때문입니다.

빌딩 증후군이나 새집 증후군을 예방豫防 또는 치료하는 데 관엽 식물이 이용되고 있습니다.

관엽 식물을 실내에 들여놓고 잘 관리하면 실내 오염을 상당히 제거할 수 있다고 합니다. 황야자(아레카 야자), 접란, 파키라, 네프로네피스, 스파티필럼, 벤자민 고무나무, 디펜바키아, 산세베리아, 관음죽 등 관엽 식물은 공기 정화淨化에 매우 효과적이거든요. 실내 공기 중의 이산화탄소를 빨아들이고 산소를 내뿜는 호흡 작용을 하기 때문이지요.

으악!! 공기가 너무 깨끗해!

🔆 관엽 식물
잎사귀의 모양이나 빛깔을 보고 즐기기 위한 식물. 우리나라에 처음 들어온 것은 1910년경으로, 1960년대 후 건축 및 생활 양식이 서구화되면서 대중화되었다.

또한 이들 식물은 실내 온도溫度와 습도濕度도 조절해 준다고 합니다. 증산 작용이 뛰어난 식물의 경우 실내 면적의 약 5~10%의 식물만 두면, 겨울철에는 습도를 20~30%까지 높일 수 있으며, 여름철과 겨울철 각각 실내 온도를 3℃쯤 떨어뜨리거나 올릴 수 있답니다. 게다가 냄새를 없애 주고, 시끄러운 소음noise까지 차단하는 효과가 있답니다.

실내에 들여놓은 이들 식물은 실내 환경環境을 아름답게 만들어 마음을 편안하게 해 주고, 감상하는 즐거움도 선사합니다.

이런 여러 가지 기능이 있으면서도 관엽 식물은 공기 청정기 같은 기계적 장치와 달리 에너지energy를 전혀 소비하지 않는 고마운 존재랍니다.

[지금까지 아무도 몰랐던 80가지 동물·식물의 엄청난 능력 - 식물]

장미의 가시가 준 선물, 철조망

우리나라는 남한과 북한으로 갈린, 세계에서 유일한 분단分斷 국가입니다. 삼팔선에 철조망이 쳐져 있어 남과 북이 마음대로 오갈 수 없지요. 우리에게 철조망은 슬픈 운명運命의 상징이지만, 목장에서는 가축을 손쉽게 통제할 수 있고, 군대에서는 적의 접근을 막는 편리한 도구입니다.

철조망을 발명한 사람은 미국의 열세 살 소년 조지프입니다. 조지프는 집안 형편이 어려워 초등학교初等學校만 졸업하고 목장에서 양sheep을 돌보는 양치기 일을 했습니다. 중학교에 진학하지 못한 데 대한 아쉬움이 컸던 조지프는 양을 돌보는 틈틈이 책book을 읽었습니다. 그 틈을 타 양들이 울타리를 넘어가 이웃의 농작물을 망쳐 놓곤 했어요. 그때마다 조지프는 목장 주인에게 꾸지람을 들었지요.

조지프는 책 읽기를 포기하고 양을 지켰지만 양들은 또 울타리를 넘어가 사고를

쳤습니다. 눈을 부릅뜨고 양을 감시하던 조지프는 이상한 점을 발견했습니다. 양들이 덩굴장미가 없는 부분의 울타리로만 넘어가는 것이었어요. 날카로운 가시thorn가 달린 덩굴장미를 피해 넘어갔던 것입니다.

조지프는 무릎을 탁 쳤지요. 철사wire를 두 가닥으로 엮고 중간중간에 날카로운 철사 가시를 꽂아, 덩굴장미가 없는 부분에 쳤습니다. 그러자 양들이 더 이상 울타리를 넘지 않았어요.

목장 주인은 조지프의 아이디어idea를 칭찬해 주었고, 나중에는 조지프가 철조망을 만들어 팔 수 있도록 도와주었습니다.

특허特許까지 낸 조지프의 철조망은 잇달아 팔려 나갔고, 오래지 않아 엄청난 부자富者가 되었습니다. 제1차 세계 대전이 일어나 군대에서 철조망을 많이 사 갔거든요. 조지프의 철조망이 전쟁war에 사용된 포탄보다도 많았다고 합니다.

장미rose는 '꽃 중의 꽃'이라 불릴 만큼 수많은 꽃 중에서도 가장 아름답고 향기롭습니다. 그런데 왜 날카로운 가시가 돋아 있을까요?

장미는 덩굴성 갈잎떨기나무로 전 세계에 분포합니다. 야생도 있지만 꽃이 아름다워 관상용觀賞用으로 심거나 원예용으로 재배합니다. 꽃은 대부분 여름summer에 피며, 색깔도 여러 가지입니다. 요즈음은 온실이나 비닐 하우스에서 대량으로 기르므로 일년 내내 꽃을 볼 수 있지요. 장미의 한 종인 덩굴장미는 흔히 울타리로 뻗어 올라가게 합니다.

장미의 가시는 줄기의 표피 세포가 변해서 끝이 날카로운 구조로 변한 것으로 동물로부터 스스로를 보호하는 수단으로 이용되기도 합니다. 사람만 해도 함부로 장미를 꺾지 못하잖아요. 가시 때문에 아주 조심하지요.

파상풍
상처로 들어간 파상풍 균이 만들어 내는 독소로 인한 급성 전염병으로 경련 등의 증상이 나타난다. 치료 시기를 놓치기 쉬워 사망률이 높다.

독일의 릴케라는 유명한 시인poet은 장미를 꺾으려다 가시에 찔려 파상풍으로 죽었다는 이야기가 전해 온답니다.

[릴케]

:: 사막에 맞게 변신한 선인장

기온이 높고 건조한 사막에는 식물이 자라기 어렵습니다. 하지만 나쁜 환경 속에서도 꿋꿋하게 살아가는 식물이 있습니다. 이들을 사막 식물이라고 합니다.

대표적인 사막 식물인 선인장은 몸이 단단하고 두꺼운 표피로 덮여 있고 잎은 가시로 변해 있습니다.

될 수 있는 대로 수분이 증발하는 것을 막기 위한 구조이지요. 또한 가시는 초식 동물들이 함부로 뜯어 먹지 못하게 막는 역할도 합니다.

줄기는 두께가 매우 두껍고 녹색이며 모양은 공 모양, 둥근기둥 모양, 납작한 모양 등 여러 가지로, 비가 올 때 줄기에 물을 최대한 저장해 두었다 나중에 필요할 때마다 그 물을 이용합니다. 이를테면 물탱크인 셈이지요. 또한 줄기에는 엽록소가 있어 광합성을 합니다. 대개의 식물이 잎에서 하는 일을 선인장은 줄기에서 하는 것입니다.

또한 선인장의 뿌리는 수평으로 얕게 퍼져 있습니다. 최대한으로 수분을 이용하기 위해서이지요.

대개의 선인장들이 매우 건조한 지역에서도 잘 살아가지만 성장기에는 물이 있어야 합니다. 화분에 심는 선인장의 경우, 완전히 마르도록 놓아두면 생기가 떨어지고, 반대로 물을 너무 많이 주면 죽으므로 주의해야 합니다.

[지금까지 아무도 몰랐던 80가지 동물·식물의 엄청난 능력 – 식물]

시드니 오페라 하우스를 탄생시킨 오렌지

시드니
오스트레일리아(호주) 최대의 도시. 1770년에 영국의 탐험가 쿡이 발견한 이래 오스트레일리아의 중심지로서 발전하였다.

오스트레일리아의 시드니 시에는 하얀 조가비 같기도 하고 요트yacht의 흰 돛 같기도 한 오페라 하우스가 파도가 일렁이는 바다 옆에서 멋진 모습을 자랑하고 있습니다.

이 아름다운 건축물建築物은 덴마크의 건축가 이외른 웃손이 설계했습니다. 1957년 국제 설계 공모전에 출품된 223점의 설계 작품 중 1등을 한 작품이지요.

이외른 웃손은 오렌지orange 껍질을 벗기다 이 건물의 특이한 지붕 모양을 디자인했다고 합니다. 우리가 날로 먹거나 주스 등으로 만들어 먹는 주황빛 오렌지가 시드니 오페라 하우스를 낳은 셈이지요. 시드니 오페라 하우스를 가만히 살펴보면 여러 조각으로 나눈 오렌지의 모습이 떠오르기도 합니다.

오렌지는 감귤류에 속하는 열매의 하나로 모양이 둥글고 주황빛이며 껍질이 두껍고 즙이 많습니다. 주스로 만들어 먹기에 아주 좋은 과일fruit이지요. 물론 가공하지 않고 그대로 먹기도 하지만요.

오렌지의 원산지는 인도India로 히말라야를 거쳐 중국으로 전해져 중국

품종이 되었고, 15세기에 포르투갈로 전해져 발렌시아오렌지로 퍼져 나갔습니다. 브라질에 전해진 것은 아메리카 대륙大陸으로 퍼져 나가 네이블오렌지가 되었고요. 주로 이탈리아와 에스파냐에서 재배되는 블러드오렌지는 속살이 붉고 독특한 맛과 향이 납니다.

오렌지에는 당분이 7~11%, 산이 0.7~1.2% 들어 있어 상쾌한 맛이 납니다. 비타민 C와 비타민 A, 섬유질이 풍부해서 감기 예방과 피로 회복, 피부 미용에 좋지요. 특히 오렌지는 지방과 콜레스테롤이 없어서 성인병 예방에도 도움이 된답니다.

오렌지에서 아이디어를 얻은 이외른 웃손의 설계는 상상력想像力이 풍부하고 역동적이었지만 공학적인 요소를 고려하지 않은 비현실적인 설계라 완공하는 데 예정보다 9년이나 더 걸렸대요. 건설비建設費도 14배나 더 들었고요.

오페라 하우스는 관광의 명소야.

비타민이 풍부한 오렌지~♪♫

1973년 영국 여왕 엘리자베스 여왕 2세가 참석한 가운데 열린 시드니 오페라 하우스의 개관식에 정작 설계자設計者인 이외른 웃손은 참석하지 못했답니다. 워낙 설계가 까다로워, 설계에 따라 건물을 짓는 사람들과 의견意見 충돌을 일으키곤 하여 도중에 이외른 웃손이 덴마크로 돌아갔기 때문이랍니다.

하지만 이토록 어렵게 완성된 시드니 오페라 하우스는 세계 3대 미항(아름다운 항구)의 하나로 꼽히는 시드니의 상징象徵이 되었고, 유네스코에서 세계 문화유산으로 지정하기도 하였습니다. 뛰어난 상상력과 아름다움을 전 세계적으로 인정받은 것이지요.

게다가 매년 200만 명 이상의 관광객tourist이 이 건축물을 보기 위해 찾아온다니, 작은 오렌지 하나가 발휘하는 힘이 참으로 놀랍습니다.

학술적으로 과일이 아닌 것을 찾아보렴.

:: 새콤달콤 맛있는 **과일**

[사과 apple]

[배 pear]

[딸기 strawberry]

[참외 oriental melon]

[수박 watermelon]

[바나나 banana]

[귤 tangerine]

[파인애플 pineapple]

[포도 grape]

★ 일반적으로 참외, 수박, 딸기, 토마토를 과일로 여깁니다. 하지만 이들은 학술적으로는 과일이 아니고 채소에 속합니다. 나무에 열리는 열매만 과일로 친답니다.

[지금까지 아무도 몰랐던 80가지 동물·식물의 엄청난 능력 - 식물]

병을 치료해 주는 고마운 편백나무

피톤치드란 말을 들어 보았지요? 그리스 어語 '식물(phyton)'과 '죽이다(cide)'를 합친 말로 식물이 해충이나 미생물로부터 자기를 지키기 위해 공기air 중에 내뿜거나 분비하는 천연의 항균 물질을 말합니다.

이 말을 최초로 사용한 사람은 러시아 태생의 미국 세균학자 왁스먼입니다. 스트렙토마이신을 발견하여 결핵 퇴치退治에 공헌함으로써 1952년에 노벨 생리·의학상을 받은 사람이지요.

20세기 초까지만 해도 폐결핵을 치료하려면 숲 속에서 좋은 공기를 마시며 요양하는 것이 가장 좋은 치료법이라고 여겼습니다. 삼림욕을 하면 식물에서 나오는 피톤치드가 몸속으로 들어가 나쁜 병원균을 없애 준다고 믿었기 때문이지요. 지금도 삼림욕을 이용하여 암이나 아토피 등의 질병을 치료하려는 사람들이 많습니다.

편백나무가 명의(名醫)로군.

피톤치드는 리스테리아균, 포도상구균, 라지오넬라균, 캔디나균 등 우리 몸body에 해로운 각종 균 및 곰팡이류에 대해 강력한 항균 작용을 하며 모낭충, 비듬균의 제거에도 효과적이라고 합니다.

또한 아토피, 알레르기 등 각종 피부 질환의 원인原因이 되는 집먼지 진드기의 생육 억제에 탁월한 효과가 있으며, 이들 피부 질환의 가장 괴로운 증상인 가려움증을 크게 줄여 준다고 합니다.

피톤치드의 이런 여러 가지 기능機能 때문에 삼림욕 인구人口가 나날이 증가하고 있고, 피톤치드의 효능을 이용한 제품들도 만들어지고 있습니다. 피톤치드 성분을 뽑아내 방향제에 넣거나, 음식물에 식물의 꽃flower이나 잎을 이용하기도 하지요.

우리나라에서 삼림욕장森林浴場으로 가장 널리 알려진 곳은 전남 장성군 축령산 숲입니다. 임종국이라는 분이 약 30년 동안 편백나무와 삼나무 250여 만 그루를 심어 조성한 숲으로 산림청에서 '22세기 후손後孫에게 물려줄 숲'으로 지정할 만큼 아름다운 숲이지요.

삼림욕 효과는 소나무pine, 잣나무 등의 침엽수 숲에서 우수한데, 특히 편백나무의 피톤치드가 가장 뛰어나다고 합니다.

침엽수
잎이 바늘처럼 생긴 나무. 우리나라에는 소나무, 잣나무, 향나무 등이 있다.

편백나무는 측백나뭇과의 늘푸른키큰나무로 높이 40m, 지름 2m에 이릅니다. 나무껍질은 적갈색이며, 비늘 같은 잎이 마주납니다. 일본 특산종으로 목재의 질이 좋아 장성 등 우리나라 남쪽 지방에서 많이 심어 가꾸고 있지요. 노송老松나무라고도 불립니다.

나무가 사람의 병病을 치료해 주다니, 정말 감탄스럽지 않나요?

[지금까지 아무도 몰랐던 80가지 동물·식물의 엄청난 능력 – 식물]

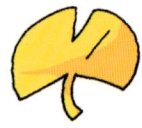

천 년도 더 사는 은행나무

가을이면 길가를 노랗게 물들여 아름다운 풍경을 만들어 내는 나무가 있습니다. 다름 아닌 은행나무ginkgo이지요. 은행나무는 자동차 매연 같은 공해에 매우 강하고 병이나 해충이 거의 발생하지 않으며, 나무의 모양이 단정하고, 특히 잎이 아름답고 무성하여 가로수街路樹나 정자나무로 안성맞춤입니다. 그래서 우리나라 어디에서나 가로수와 정자나무로서 서 있는 은행나무를 흔히 볼 수 있지요.

가로수
거리에 줄지어 심는 나무. 더운 여름에는 그늘을 주어 시원하게 하고, 자동차가 다니는 거리에서는 소음을 줄여 주며, 대기 오염을 막아 준다. 우리나라에서는 은행나무, 플라타너스, 포플러 등을 주로 심는다.

은행나무는 2억 5천 만 년 전부터 지구 상에 존재한 '살아 있는 화석 식물'입니다. 전 세계 여기저기에서 은행나무 화석이 발견되고 있거든요. 하지만 빙하氷河 시대가 닥치면서 기후氣候가 온난한 중국에서만 살아남았고, 그것이 다시 세계 여기저기로 퍼져 나갔답니다. 우리나라에는 유교와 불교가 들어올 때 은행나무도 함께 들어왔다고 해요.

은행나무는 오래 사는 것으로 유명합니다. 경기도 양평 용문사龍門寺에는 나이가 1,100~1,500년이나 되는 천연기념물 은행나무가 있는데 지금도 해마다 나무에서 떨어지는 은행잎이 2톤에 이르고, 거두어들이는 은행만 15가마니나 된대요. 이 나무는 높이 62m, 줄기 둘레 14m로 아시아에서 가장 큰 은행나무이기도 하답니다.

　은행(銀杏)이란 이름은 '은빛 나는 살구'라는 뜻이에요. 은행나무의 열매가 살구와 비슷하고, 표면에 은빛 나는 흰 가루가 덮여 있어서 붙은 이름name이지요. 그런데 열매에서 구린내 비슷한 고약한 냄새가 나서 가로수로 심지 말자고 주장하는 사람들도 있습니다. 그래서 요사이는 수나무만을 골라 심기도 한대요.

　은행나무는 공손수(公孫樹)라고도 불립니다. '공'은 남을 높여 부르는 말이고, '손'은 손자, '수'는 살아 있는 나무를 뜻합니다. 나무를 심은 뒤 80~150년은 지나야, 즉 손자孫子 대에 가서야 은행을 딸 수 있다고 해서 생긴 이름이지요. 먼 훗날을 위해 은행나무를 심은 조상의 깊은 마음이 담긴 이름입니다.

　은행나무의 또 다른 이름은 압각수(鴨脚樹)입니다. 은행잎이 압각(오리다리), 즉 오리발을 닮았다고 붙인 이름이지요.

　은행나무는 쓰임새도 아주 많습니다. 열매의 알갱이는 구워서 먹고 신선로나 과자의 재료로도 쓰지요. 목재는 결이 곱고 치밀하며 탄력이 있어서 가구재·조각재·바둑판·밥상 등으로 많이 이용되고 있습니다. 요사이는 은행잎이 약품藥品의 원료로 쓰여, 외국에 수출까지 하고 있답니다.

천 년도 넘게 산 용문사 은행나무야.

:: 마의 태자와 은행나무

경기도 양평군 용문산 자락에 자리 잡은 용문사는 신라 신덕왕 2년(913)에 대경 대사가 세웠다고도 하고, 경순왕이 친히 행차하여 세웠다고도 하는 유서 깊은 절입니다. 이 절은 천연기념물 제30호 은행나무로도 유명한데 이 은행나무에는 2가지 전설이 전해 내려옵니다.

[신라의 마지막 왕인 경순왕의 능]

신라 제56대 경순왕은 고려 왕건과 후백제 견훤의 세력에 눌려 나라가 위태로워지자 고려에 항복하기로 했습니다. 왕건과 견훤의 세력에 맞서면 죄 없는 백성들이 목숨을 잃을 것이 뻔했으니까요. 그런데 경순왕의 맏아들 마의 태자는 생각이 달랐습니다. 싸워 보지도 않고 나라를 내줄 수는 없다는 것이었지요.

하지만 경순왕은 끝내 고려에 항복했고, 나라 잃은 슬픔을 이길 수 없던 마의 태자는 금강산으로 들어가 마의(베옷)를 입고 풀뿌리와 나무 껍질로 목숨을 이어 가다 그곳에서 눈을 감았습니다. '마의 태자'라고 불리게 된 것은 그 때문이지요.

그가 금강산으로 갈 때 용문사에 들러 나무를 한 그루 심었는데 그것이 지금의 은행나무라고 합니다.

신라의 의상 대사 혹은 원효 대사가 지팡이를 꽂아 놓았더니 뿌리가 내려 은행나무가 되었다고 하는 또 다른 전설도 내려옵니다.

지금까지 아무도 몰랐던 80가지 동물·식물의 엄청난 능력

사 람

 포유동물 중에서도 생각을 하고, 언어를 사용하며, 도구를 만들어 쓰고, 사회를 이루어 사는 동물을 '사람' 또는 '인간'이라고 합니다. 또한 포유동물 가운데 사람만이 두 다리로 똑바로 서는 자세를 취합니다. 사람의 뇌, 그중에서도 특히 새겉질은 동물 중에서 가장 월등하게 발달한 부분입니다. 침팬지나 돌고래 따위 지능이 높은 포유동물도 사람만큼 뛰어난 지적 능력을 발휘하지는 못합니다.

[지금까지 아무도 몰랐던 80가지 동물·식물의 엄청난 능력 - 사람]

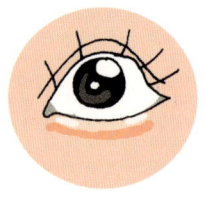

사람의 눈을 모방한 사진기와 건축

수건 등으로 눈eye을 가리고 평소처럼 행동해 보세요. 앞이 보이지 않으니 잘 걸을 수도 없고, 밥도 제대로 먹을 수 없습니다. 재미 솔솔 텔레비전도 볼 수 없고 컴퓨터도 할 수 없으며 책도 읽을 수 없습니다. 불편하기 짝이 없지요.

그런데 눈은 어떻게 물체物體를 볼 수 있을까요?

눈은 두개골 앞쪽 윗부분에 뚫린 2개의 눈구멍 속에 탁구공만 한 눈알(안구)이 담긴 구조構造로 되어 있습니다. 눈꺼풀은 눈알을 보호하는 뚜껑인 셈이지요.

세상 만물은 모두 빛light에 의해 모습을 드러냅니다. 빛이 없으면 어떤 물체도 자신의 모습을 드러낼 수 없지요. 빛이 없어 캄캄한 밤night에는 물체가 잘 보이지 않잖아요.

햇빛이나 달빛 같은 자연의 빛, 전등 따위에서 나오는 인공의 빛이 물체에 닿으면 그 빛이 방향을 바꿉니다. 이를 '반사反射'라고 하지요. 이때 사람이 눈꺼풀을 열고 그 물체를 보고 있으면 반사되어 나온 무수한 빛이

사람의 눈과 매우 비슷해요~

사람의 눈알 맨 앞에 있는 각막으로 들어와 투명한 수정체를 통과합니다. 반사되어 나온 빛들이 각막과 수정체를 지나면서 한군데로 모아져, 눈알 맨 뒤쪽에 있는 망막으로 보내지지요. 이때 망막에는 물체의 모습이 거꾸로 맺힙니다. 그러면 망막에 있는 감각 세포가 시신경을 통해 뇌brain에 신호를 보냅니다. 뇌는 그 신호를 판독하여 물체에 대한 정보를 알려줍니다.

즉, 각막과 수정체가 물체에서 반사된 빛을 모아 망막에 보내고, 망막의 감각感覺 세포가 시신경을 통해 뇌에 신호를 보내면 뇌가 물체에 대한 정보를 파악하는 것이 바로 우리가 눈으로 물체를 보는 원리原理입니다.

그런데 각막과 수정체 사이에는 원반 모양의 얇은 막인 홍채, 즉 눈조리개가 있습니다. 이 홍채 한가운데 있는 구멍이 눈동자입니다. 근육으로 이루어진 홍채가 늘어났다 오므라들었다 하며 눈동자로 들어오는 빛을 조절하지요. 빛이 지나치게 많으면 눈이 시어서 물체를 보기 어렵고, 또 너무 적어도 희미해서 잘 보이지 않거든요.

우리가 눈으로 보는 세상 만물은 그 모습이 기록記錄으로 남지 않습니다. 물론 머릿속에 기억memory으로 남기는 하지요. 하지만 눈으로 똑같은 모습을 다시 볼 수는 없습니다. 아무리 아름다운 풍경을 보아도 그 순간뿐이지요. 다음 순간의 풍경은 벌써 다른 풍경이니까요.

하지만 사진기camera는 아름다운 풍경을 두고 두고 다시 볼 수 있게 해 줍니다. 사진으로 만들어 오래오래 언제든지 볼 수 있고, 디지털 데이터로 저장하여 보고 싶을 때마다 되돌려 볼 수도 있으니까요. 비디오 카메라로 찍으면 동영상도 볼 수 있고요.

사진기는 사람의 눈을 모방한 기계機械입니다. 셔터는 눈꺼풀, 조리개는 홍채, 렌즈는 수정체, 필름은 망막의 역할을 하지요.

자, 다 함께 치~즈~

[아랍 세계 연구소의 벽면]

눈과 사진기가 다른 점이 있다면, 눈이 본 영상은 머릿속에 남고, 사진기가 찍은 영상은 필름film이나 사진, 디지털 데이터로 남는다는 것입니다.

사람의 눈, 특히 홍채를 건축에 활용한 사람도 있습니다.

프랑스의 수도 파리에 자리한 아랍 세계 연구소는 20여 개 국의 아랍 연합 국가들이 그들의 문화·예술·과학·역사를 알리고 프랑스 문화와의 교류를 위해 공동共同으로 설립한 일종의 아랍 문화원입니다.

그런데 이 건물을 설계한 사람은 장 누벨이라는 프랑스 건축가로 그는 사람의 눈, 특히 홍채를 이 건물의 설계에 응용했다고 합니다.

이 연구소 남쪽 건물의 외벽外壁을 눈의 홍채처럼 만들었지요. 건물로 들어오는 햇빛sunlight의 양에 따라 조리개가 자동으로 열렸다 닫혔다 하도록 하여 건물 내부의 온도가 자동으로 조절되게 한 것입니다. 그에 따라 실내 냉방과 난방에 드는 비용費用이 크게 절약되었답니다.

'만물의 영장'이라 불리는 인간이 자기 신체身體를 모방하여 기계를 만들고 건축에 활용하다니, 과연 인간은 만물의 영장입니다.

[지금까지 아무도 몰랐던 80가지 동물·식물의 엄청난 능력 – 사람]

사람의 뼈와 에펠 탑

프랑스의 수도 파리 하면 가장 먼저 떠오르는 에펠 탑Eiffel Tower. 에펠 탑은 프랑스 혁명 100주년을 맞아 1889년에 열린 만국 박람회를 위해 세운 높이 324m에 이르는 철탑입니다.

이 탑을 설계한 사람은 프랑스의 공학자이자 토목 기술자인 귀스타브 에펠이에요. 에펠 탑이란 이름도 그의 이름에서 온 것이지요. 그런데 에펠은 미국의 상징인 '자유의 여신상' 뼈대도 설계했대요. 세계적인 대국大國으로 꼽히는 두 나라의 상징물을 설계하는 영광을 누리다니, 노벨상을 두 차례나 수상한 것만큼이나 놀라운 일이지요.

어떻게 하면 전 세계 사람들의 관심關心을 끌고 만국 박람회에 꼭 어울리는 건축물을 세울까 궁리하던 에펠은 세계에서 가장 높은 탑을 세우기로 했습니다. 그리고 철iron이 중심이 되는 산업產業 사회가 찾아왔음을 상징하기 위해 탑의 재료는 철을 쓰기로 했지요. 그런데 탑의 높이가

[귀스타브 에펠]

만국 박람회
세계 각국의 생산품을 진열하여 산업 기술의 성과를 겨루는 국제 박람회. 1851년 영국 런던을 시작으로 세계 각지에서 개최되고 있다. 산업 기술은 물론, 건축, 미술의 발달에 기여하였다. 요즘은 흔히 '엑스포'라고 한다.

워낙 높으니 사용되는 철의 무게weight가 엄청날 것이 틀림없었어요.

엄청난 무게를 지탱할 수 있는 방법方法을 고민하던 그는 사람의 뼈대를 떠올렸습니다.

그는 엉덩이뼈와 허벅지뼈를 잇는 곡선曲線을 모방하여 4개의 아치 모양 다리를 세웠습니다. 이 4개의 다리leg는 탑을 안정적으로 받쳐 주는 역할을 하지요.

그리고 탑의 무게를 버티는 원리는 허벅지뼈에서 얻었습니다.

허벅지뼈를 가로로 잘라 보면 무수히 많은 선線들이 있는데, 이 선들은 격자 구조로 얽혀 있어 사람의 몸무게를 안정적으로 지탱합니다. 에펠탑 역시 허벅지뼈를 모방해 격자 모양의 철 구조물로 4개의 기둥을 연결해 탑 전체全體의 무게를 안정적으로 지탱하도록 하였습니다.

격자
가로세로를 일정한 간격으로 직각이 되게 맞추어 짜는 형식

169

　이렇게 아치 모양 다리에 철골鐵骨 구조가 어우러진 에펠탑은 단 25개월 만에 완성되었습니다.

　이집트의 피라미드보다 2배나 높고, 그때까지 보도 듣도 못한 이상한 모양의 철탑이 세워지자 여기저기에서 비난非難이 쏟아졌습니다. 우아한 파리의 모습을 망친다는 것이었어요. '철사다리로 만든 말라깽이 피라미드'니, '볼썽사나운 강철 기둥'이니, '철골 덩어리'니, '비극적인 가로등'이니 하며 마구 조롱했지요. 그래서 마침내 에펠탑을 철거하기로 결정했습니다. 하지만 철거 비용이 너무 많이 들어 그 계획計劃은 취소되었고, 비난의 목소리가 잦아들고 칭송하는 목소리가 높아졌습니다. 1991년에는 유네스코에서 세계 문화유산으로 지정되기까지 했지요.

　프랑스의 자랑거리인 에펠 탑에 이런 사연事緣, 특히 사람의 뼈대와 관련된 사연이 담겨 있다니, 에펠 탑을 찬찬히 살펴보며 사람의 뼈대와 비교해 보세요.

:: 사람의 뼈는 모두 몇 개나 될까요?

사람의 뼈는 몸 안에 있는 여러 기관을 보호하고, 몸 전체를 지탱하며, 자세를 바르게 유지해 주는 역할을 합니다.

또한 뼈 속에는 골수가 차 있어 적혈구, 백혈구, 혈소판을 만들어 냅니다. 이들은 몸 안에 세균이나 독소가 들어오지 못하게 막거나, 혹시 들어왔을 때 잡아들여 해롭지 않은 것으로 바꾸는 역할을 합니다. 그리고 부닥치거나 해서 피가 날 경우 재빨리 굳게 해서 피가 더 이상 흐르지 않게 해 줍니다.

그럼 우리 몸의 뼈는 모두 몇 개나 될까요?

갓 태어난 아기의 몸속에는 약 350개의 뼈가 있습니다. 그 뼈는 말랑말랑하고 여러 조각으로 나뉘어 있는데, 자라면서 서로 붙거나 작아지고, 더러는 없어지기도 하여 어른이 되었을 때는 206개가 됩니다.

그런데 모든 어른의 뼈가 206개인 것은 아니랍니다. 발가락뼈가 1개 더 많은 사람도 있고, 갈비뼈가 1개 더 많은 사람도 있답니다.

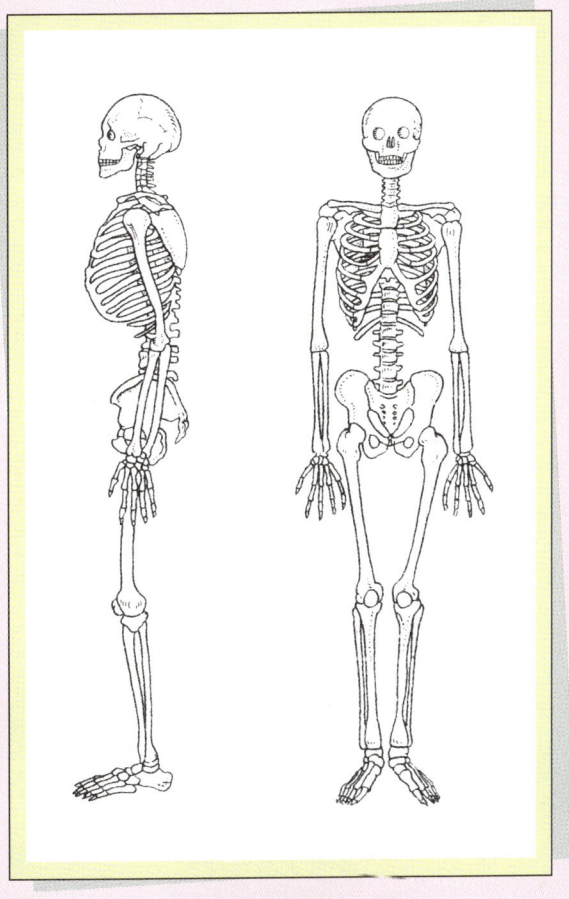

[사람의 뼈대]

[지금까지 아무도 몰랐던 80가지 동물·식물의 엄청난 능력 - 사람]

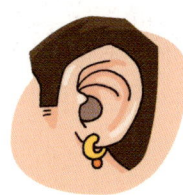

사람의 귀를 베낀 전화기

우리는 귀ear로 소리를 듣습니다. 귀가 없으면 선생님이나 부모님의 말씀도, 아름다운 음악도, 졸졸거리는 시냇물 소리도, 즐겁게 노래하는 소리도 들을 수 없겠지요. 집 밖에 나갔을 때 자전거가 다가오는 소리도, 자동차가 달리는 소리도 들을 수 없어 교통사고交通事故가 날 수도 있고요.

이 귀로 세상의 모든 소리를 듣지요.

귀는 바깥귀(외이), 가운데귀(중이), 속귀(내이)의 세 부분으로 이루어져 있습니다.

바깥귀는 귓바퀴에서 고막에 이르는 길이 약 3.5㎝의 귓구멍 부분입니다. 바깥귀의 밖으로 드러난 부분인 귓바퀴는 물렁뼈로 이루어져 있는데 밖에서 들리는 소리sound를 모아 귓구멍으로 들어가게 해 줍니다.

귓구멍으로 들어온 소리는 고막으로 보내집니다. 귓구멍에는 수많은 털과 약 4,000개의 귀지샘이 있습니다. 귀지샘에서 나오는 액체는 벌레와 먼지dust, 그 밖의 해로운 물질을 잡아냅니다. 귀지는 바로 그 액체와 죽은 세포 등이 엉겨 쌓인 것으로 저절로 천천히 바깥outside으로 밀려 나옵니다. 애써 귀지

[귀의 얼개]

①반고리관 ②청신경 ③달팽이관 ④고실 ⑤유스타키오관 ⑥등자뼈
⑦고막 ⑧겉귀길 ⑨망치뼈 ⑩침골 ⑪귓바퀴 ⑫이륜각 ⑬겉귀구멍
⑭귓기둥 ⑮귓불 ⑯대주 ⑰대륜 ⑱귓바퀴 결절

를 파내지 않아도 되는 셈이지요. 그래도 귀지를 파내고 싶을 때는 귓속의 피부에 상처傷處가 나지 않도록 부드러운 면봉이나 매끄러운 귀이개로 조심조심 파내야 합니다.

가운데귀는 고막 안쪽의 넓은 방room 같은 곳으로 온통 점막으로 덮여 있습니다. 고막은 지름이 약 1㎝에 두께가 0.1㎜밖에 안 되지만 팽팽하게 당겨진 질긴 막으로 소리가 닿으면 마치 북drum처럼 진동합니다.

가운데귀에는 고막과 연결된 3개의 작은 뼈(망치뼈, 모루뼈, 등자뼈)가 있습니다. 이 뼈들을 청소골聽小骨이라고 합니다. 청소골은 고막에서 생긴 진동을 22배로 증폭시켜 속귀로 전합니다.

속귀에는 달팽이관, 반고리관, 둥근주머니, 타원주머니가 있습니다.

달팽이snail 모양인 달팽이관은 3개의 방으로 나누어져 있는데 방마다

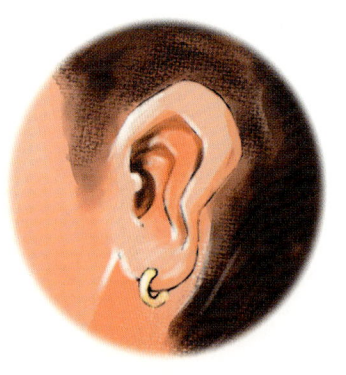

림프lymph가 차 있어, 청소골이 전한 진동에 따라 흔들리면서 청신경聽神經을 자극하여 대뇌에서 소리를 느끼게 합니다.

공기, 즉 기체를 타고 밖에서 들어온 소리가 고막에 부딪쳐 진동이 되고 그 진동은 청소골, 즉 뼈bone를 지나 달팽이관의 림프, 즉 액체를 타고 흘러서 뇌까지 전달되어 우리가 소리를 듣게 되는 것입니다.

한편, 반원半圓 모양의 반고리관은 3개로 되어 있는 관 속에 림프가 차 있어 그 움직임으로 몸의 방향方向이나 평형을 느끼게 합니다. 반고리관은 '세반고리관'이라고도 하지요.

타원주머니는 반고리관과 연결되어 있는 주머니 모양의 기관으로 몸의 평형을 깨닫게 하는 구실을 합니다.

둥근주머니는 달팽이관과 연결되어 있는 작은 주머니입니다.

평형 감각을 맡고 있는 이들 반고리관, 둥근주머니, 타원주머니를 통틀어 안뜰 기관 또는 전정前庭 기관이라고 합니다.

위와 같이 귀는 소리를 들을 뿐만

[알렉산더 그레이엄 벨]

아니라, 몸body의 균형을 잡아 주는 역할도 합니다. 그러므로 어지럼증을 느끼거나 몸을 제대로 가누기 어려울 때는 우선 이비인후과를 찾는 것이 좋답니다.

전화기telephone는 말소리를 전파나 전류로 바꾸었다가 다시 말소리로 바꾸어 멀리 떨어져 있는 사람이 서로 이야기할 수 있게 만든 기계입니다. 지금과 비슷한 전화기를 발명한 사람은 영국 태생의 미국 과학자이자 발명가인 벨입니다.

이비인후과
귀, 코, 목과 관련된 병을 치료하는 의학의 한 분과

그는 사람의 목소리voice에 대해 연구하던 중, 목소리를 진동으로 바꿔 뇌까지 전달하는 귀의 원리를 응용하여 1876년에 전화기를 만들어냈다고 합니다.

전화기의 원조는 다름 아닌 사람이라고 할 수 있지요.

[지금까지 아무도 몰랐던 80가지 동물·식물의 엄청난 능력 – 사람]

사람의 머리카락을 이용한 습도계

포유동물의 피부skin는 가느다란 실 모양의 털로 덮여 있습니다. 단, 고래는 포유동물이지만 털이 없고, 사람의 경우에도 대부분의 털이 퇴화되어 흔적만 남아 있습니다.

그러나 머리head에만큼은 털이 많습니다. 그것도 짧은 털이 아니고 기다란 털이 말예요. 사람의 몸 중에서 가장 중요하다고 할 수 있는 뇌를 보호하고 직사광선을 막기 위해서랍니다.

머리에 나는 털을 머리털 또는 머리카락hair이라고 하는데 줄여서 '머리'라고 하기도 합니다. 머리카락의 수는 약 10만~15만 개라고 해요.

머리카락은 손톱·발톱과 마찬가지로 피부의 각질층이 변화하여 생겨난 것으로, 피부의 일부분인 셈입니다.

머리카락은 크게 세 부분으로 이루어져 있습니다. 머리카락의 바깥쪽은 모소피毛小皮로 비늘 모양의 딱딱한 단백질로 이루어져 머리카락의 윤기와 감촉을 좌우하며 내부를 보호하는 역할을 합니다.

모소피 안쪽은 머리카락의 80~90%를 차지하는 모피질층으로 부드러

운 단백질이 주성분이며 머리카락의 굵기, 탄력성, 강도, 색깔 등을 결정합니다. 이 층에 포함된 멜라닌 색소色素의 양에 따라 머리카락 색깔이 달라지지요. 머리 색깔이 검은 것은 멜라닌 색소가 많다는 뜻이고, 서양인西洋人에게 많이 나타나는 금발blond hair은 멜라닌 색소가 적다는 뜻입니다.

머리카락 가장 안쪽은 모수질로 머리카락에 따라 없는 경우도 있는데, 그 역할에 대해서도 명확하게 밝혀져 있지 않습니다.

> **멜라닌**
> 대부분의 생물체에 있는 흑갈색 색소로, 이 색소의 양에 따라 피부나 머리카락, 망막의 색이 결정된다.

피부가 손상되면 아픔이 느껴지고 회복이 가능하지만, 머리카락은 이미 생명을 잃은 죽은 세포로 이루어져 있어 자르거나 열heat을 가해도 아픔이 느껴지지 않으며, 한번 손상되면 원래대로 회복되기가 어렵습니다.

머리카락은 하루에 0.2~0.3㎜씩 한 달에 1.5㎝ 정도 자라는데 계속 자라는 것처럼 보입니다. 늘 머리카락의 수가 일정하니까요. 하지만 각각의

[레오나르도 다빈치]

머리카락은 수명이 있습니다. 남자man의 머리카락은 4~5년, 여자의 머리카락은 5~6년 정도이지요. 성장기 4~5년, 퇴행기 2~4주일, 간기 몇 개월을 거쳐 빠져나가는 것입니다. 마치 낙엽이 떨어지듯이 말예요. 하지만 수명을 다한 머리카락이 빠지는 대신에 그 비슷한 수의 머리카락이 새로 나기 때문에 언제나 비슷한 수의 머리카락을 유지한답니다.

간기
생물 세포가 기능적으로는 활동하고 있으나 핵분열이나 세포 분열을 하고 있지 않은 시기. 정지기 또는 휴지기라고도 한다.

그런데 머리카락이 늘어나기도 하고 줄어들기도 한다는 사실事實을 알고 있나요?

장마철에는 다른 때보다 머리카락의 길이가 길어진답니다. 머리카락은 습도가 높으면 늘어나거든요.

이탈리아의 미술가이자 물리학자·해부학자·철학자인 레오나르도 다빈치는 머리카락을 이용한 습도계濕度計를 만들려고 시도했대요.

아, 이게 바로 모발 습도계구나.

인체人體에 관심이 많아 법法으로 금지된 시체 해부를 아무도 모르게 하곤 했던 사람이니 머리카락의 성질을 잘 알았던 것입니다.

이 모발 습도계는 그 후 1783년에 스위스의 소쉬르라는 물리학자에 의해 실제實際로 개발되어 널리 쓰이게 되었답니다.

우리의 머리카락이 편리한 기계를 만드는 데 쓰이다니, 머리카락을 다시 보아야 할 것 같아요.

[소쉬르]

:: 사람과 동물의 시력

　사람을 비롯한 동물은 눈, 귀, 코, 입, 피부 등의 기관을 통해 바깥 세계의 정보를 얻습니다. 이들 다섯 기관을 통해 받아들이는 감각을 '오감(五感)'이라고 하지요. 즉, 눈을 통한 시각, 귀를 통한 청각, 코를 통한 후각, 입을 통한 미각, 피부를 통한 촉각이 그것입니다.

　사람은 오감 중에서도 특히 시각이 발달했습니다. 사람이 외부에서 받아들이는 정보의 약 80%가 시각에 의한 것이라고 해요.

　사람의 일반적인 시력은 1.0~2.0디옵터로 1만 7,000여 가지의 색을 구분하고, 1km 떨어진 거리에서 촛불의 1천분의 1의 빛을 감지할 수 있습니다. 물론 장애를 입어 시력을 잃거나 시력이 나빠진 경우를 제외했을 때이지요.

　하지만 동물 중에서 사람의 눈이 가장 뛰어난 것은 아닙니다.

　시력만 가지고 보면 독수리나 매 같은 육식성 새가 사람보다 훨씬 뛰어납니다. 독수리의 시력은 6.0~8.0디옵터로 사람의 4~8배나 멀리

볼 수 있습니다. 독수리는 눈의 크기(수정체)가 머리의 상당한 부분을 차지하거든요. 그러니 높은 하늘을 빙빙 날면서 땅 위의 동물을 용케 발견하는 것이지요.

　그런데 시력이 더 좋은 새

가 있습니다. 시력이 25~30디옵터나 되는 타조입니다. 독수리의 4배도 넘지요. 타조의 눈(수정체)은 테니스공만 해 머리뼈 속을 가득 채울 정도랍니다. 따라서 4km 떨어진 곳에 있는 물체의 움직임도 식별할 수 있습니다. 날지 못하기 때문에 눈이 더욱 발달한 모양입니다.

한편, 고양이는 밤눈이 매우 밝습니다. 고양이의 눈동자는 어두운 곳에서 활짝 열립니다. 빛을 많이 받아들이기 위해서이지요. 게다가 상이 맺히는 망막 뒤에 거울 같은 반사막이 있어 더욱 잘 볼 수 있습니다. 어두운 곳에서 고양이의 시력은 사람의 수십 배에 이른답니다.

뱀은 사람이 볼 수 없는 적외선을 볼 수 있습니다. 뱀의 눈 아래 있는 구멍에 적외선을 감지할 수 있는 '골레이 세포(golay cell)'라는 특별한 신

경 세포가 있기 때문이지요.

그런데 뜻밖에도 개는 시력이 별로 좋지 않답니다. 수정체의 조절 능력이 썩 좋지 않거든요. 30~60cm 거리에서만 초점을 맞출 수 있습니다. 그보다 가까이에 있는 물체는 흐릿하게 보이지요. 또한 색깔을 구별하는 능력도 뒤떨어집니다. 그래서 개는 사물을 식별하는 데 코를 동원하는 것입니다. 개의 코는 냄새를 잘 맡기로 유명하잖아요.

이처럼 동물은 저마다 자기에게 알맞은 눈을 가지고 있답니다.

지은이_육은숙

운동장 너머에 졸졸거리는 시냇물과 야트막한 산이 있어 늘 풍성한 자연을 벗 삼았던 초등학교 시절을 소중히 간직하고 있는 지은이는 지금도 숲 속의 자연 친구들을 만나러 다니신답니다. 지은 책으로 〈동글동글 동물 친구들〉 〈초등학생이 꼭 읽어야 할 23가지 꽃 이야기〉 〈레오나르도 다빈치〉 〈상상력 발전소〉 등이 있고, 번역한 책으로 〈사자와 나〉 〈숲 속 세탁소〉 〈지구를 살리는 법〉 〈유리 망치〉 〈블랙 회사〉 등이 있습니다.

★꽁꽁 감추어 둔 자연의 신비★
지금까지 아무도 몰랐던
80가지 동물·식물의 엄청난 능력

2012년 6월 10일 초판 1쇄 인쇄
2012년 6월 15일 초판 1쇄 발행

지은이 | 육은숙

펴낸이 | 이미례
편집 | 박수진
디자인 | 신우진

펴낸곳 | (주)학은미디어
주소 | 서울 영등포구 문래동 3가 82-29 우리벤처타운 903호
전화 | (02)2632-0135~7   팩스 | (02)2632-0151
등록 번호 | 제13-673호   ⓒ (주)학은미디어, 2012

ISBN 978-89-8140-434-5   73400
*잘못된 책은 바꾸어 드립니다.